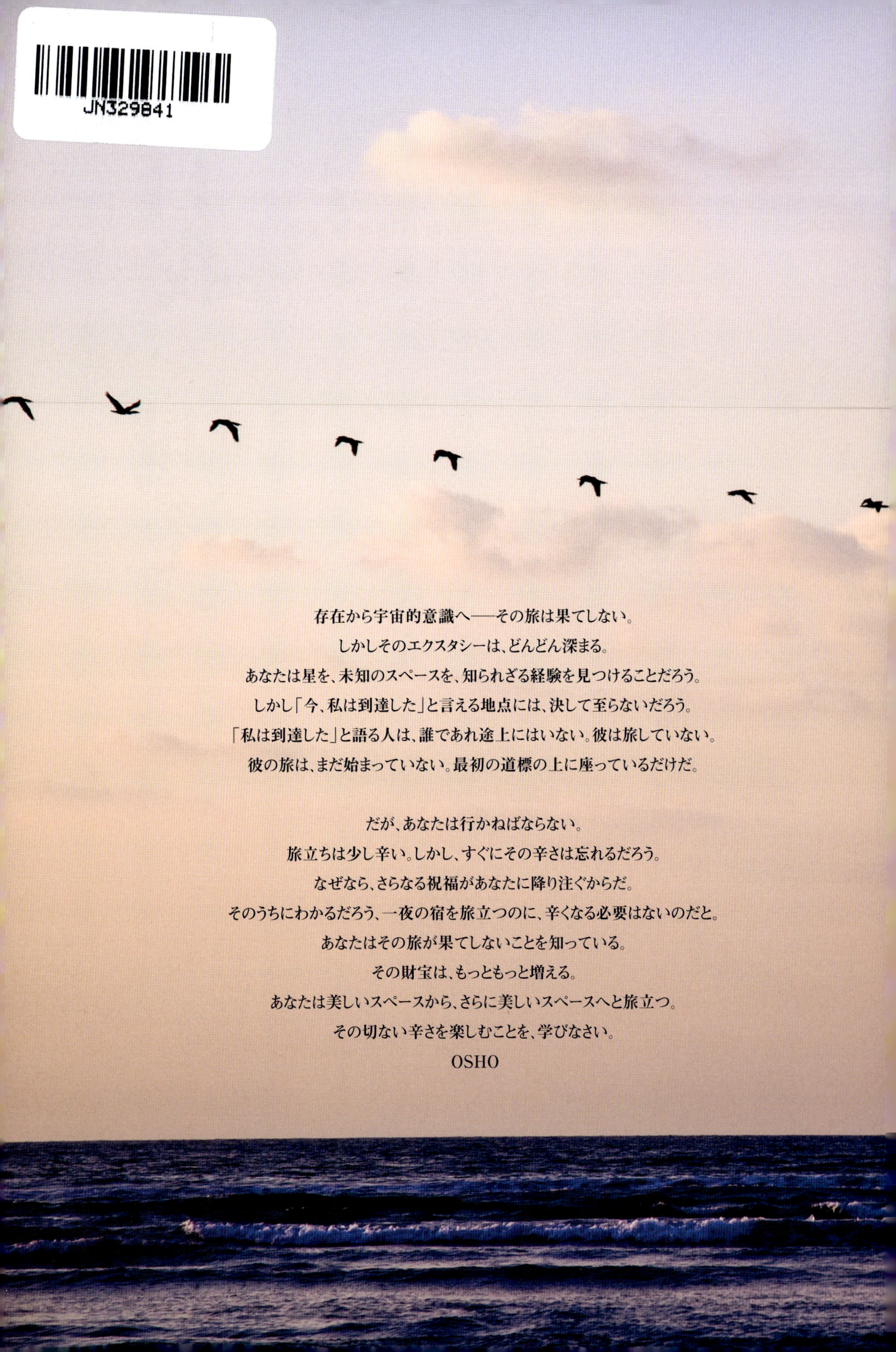

存在から宇宙的意識へ──その旅は果てしない。
しかしそのエクスタシーは、どんどん深まる。
あなたは星を、未知のスペースを、知られざる経験を見つけることだろう。
しかし「今、私は到達した」と言える地点には、決して至らないだろう。
「私は到達した」と語る人は、誰であれ途上にはいない。彼は旅していない。
彼の旅は、まだ始まっていない。最初の道標の上に座っているだけだ。

だが、あなたは行かねばならない。
旅立ちは少し辛い。しかし、すぐにその辛さは忘れるだろう。
なぜなら、さらなる祝福があなたに降り注ぐからだ。
そのうちにわかるだろう、一夜の宿を旅立つのに、辛くなる必要はないのだと。
あなたはその旅が果てしないことを知っている。
その財宝は、もっともっと増える。
あなたは美しいスペースから、さらに美しいスペースへと旅立つ。
その切ない辛さを楽しむことを、学びなさい。
OSHO

# 自我を越えて

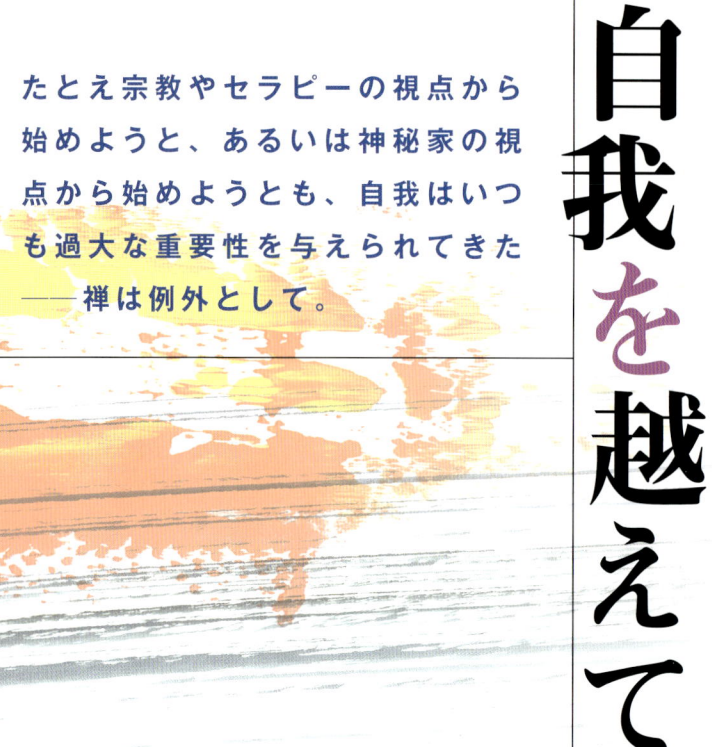

**たとえ宗教やセラピーの視点から始めようと、あるいは神秘家の視点から始めようとも、自我はいつも過大な重要性を与えられてきた——禅は例外として。**

ブッダ曰く「自我を超越しなさい。そうして初めて、宇宙と一体になれる」と。すべての宗教は言う、「執着から自分自身を解放しなさい」と。禅だけが不思議な勇気を持っていて、「自分自身を自分自身から解放しなさい」と言う。執着から自分自身を解放するというのは、子供の遊び程度のものだ。本物の、真の求道者は、最後には自分自身を解放する。ほかのものからばかりではなく、自分自身からさえも。彼はまさに「私は在る」という考えそのものを捨てる。

存在はただ在るのみ。この視点から見たら、あなたこそが、あらゆる苦悩の核心だ。そしてどれほど努力しようと、結局のところ、一つの苦悩を別の苦悩に取り換えているだけのことだ。多分その合間に、少し気分が軽くなるかもしれない。まさにそうしているうちに、待たされている間に、あなたは良い気持ちになる。しかしこの気持ちの良さも、長続きするはずはない。なぜなら、あなたはすでに別の執着への申込書を記入しているからだ。

# Don't Stop!

あなたこそが問題だ。ほかの問題はすべて、あなたの子供たちにすぎない——バスにいっぱい乗っている子供たちで、あなたがその運転手だ。
とりわけ仏教はこのような考え方を紹介した。つまり大切なのは、この貪欲やあの怒りを捨てるとか、この情欲やあの財産を捨てるという問題ではない。問題なのは、あなた自身を完全に捨てることであり、私たちの故郷である宇宙のエネルギーの中に消えていくことだと。

インドではブッダは理解されなかった。インドは何千年も、それ以上にもわたって、自我を究極の価値だと信じてきた。自我は究極の価値ではない。それを見つけたところで、あなたはどうするつもりだ？　ただ、ばかみたいに座って、みんなに気持ち悪く思われたいのか。まあ、すこし考えてごらん、あなたが自我を見つけたなら、さあどうするのだろう？　そして忘れてはならないのは、いったん見つけたなら、あなたはそれから逃れることはできない。それはドイツの接着剤のように、へばりつく！

「自我とは踏み石にすぎない。それをまたぎ越えなさい！　そしてそれを越えて行くとき、あなたはただの空となる」。ブッダがこう言ったとき、彼は意識の世界に途方もない一歩を踏み出した。しかしこの「空」とは、何もないということではない。ブッダの使った言葉は、英語では「空虚(*emptiness*)」または「無(*nothingness*)」のいずれかに訳されているが、どちらの言葉にも否定的な含意がある。ブッダの用いた言葉はシュニャータ(*shunyata*)だ。それは否定的な現象ではない。

**あなたこそが問題だ。ほかの問題はすべて、あなたの子供たちにすぎない——バスにいっぱい乗っている子供たちで、あなたがその運転手だ。**

仏光が、多分それをいちばん上手に表現している。こんな言葉がある。

すべての領域をひとしく行き来できるとき、
内にも外にも、ことさら我が物と呼べるものが
何もないとき、
高いものに従い、低いものに従い、四角いものにも、
丸いものにも従うなら、それこそが求めるもの。
海の空虚さは、波を上昇させる……

あなたがただ受容的であるとき、自我もなく、もはやどんな限界もないとき——限界がなければ、あなたは何にでも順応できる。そしてあなたの空虚さはさらに、至福の波を生むだろう——平安の波、光輝の波を、そして未知の栄光をも生むだろう。あなたは最高峰にあって、どのような意識でも受け入れることができる。しかし仏光によれば、これらすべてのものは、依然として波だ。彼はすばらしい表現をしていると私が言うのは、このせいだ。

海の空虚さは、波を上昇させる、
山の渓谷の空虚さは、やまびこを生じさせる……

それは空虚さだ。さもなければ、どうして声を反響させることができよう？

仏光は言う、あなたが有と非有、有心と無心を完全になくしたとき——まさに宇宙と溶け合った

とき——それは一面では、あなたが空虚であるということだが、別の面では、とても充足しているので、何に対してでも順応できるということだ。あなたは月になれるし、バラにも空の雲にもなれる。あるいは、ただ何もない青空であり続けることもできる。

　はじめてあなたは、自由に何にでも、自分の望むものになれる。はじめてあなたの空虚さは、別の角度から存在を経験させてくれる。それはすごい現象だ。私たちはその小部分しか知らないが、そのわけは、私たちの自我が境界をつくり出しているからだ。私たちは境界の向こうに行くことはできない。

## 心の空虚さがブッダを生む。

いったん心が空虚になったら、あなたはブッダだ——穏やかで、静かで、しんそこ喜びに満ちて、くつろいでいる。「あなたはブッダだ」と言うとき、私は本心から言っている。それはつまり、あなたに快癒が必要だということだ——夢想や、苦悩や、中毒からの快癒だ。あなたに必要なのは、深く見通すことだけだ。自我さえも、消滅し始める地点まで——そこから、広大なもの、無限なものへの扉が開かれる。ブッダであることは、ひとつの究極的な体験だ——喜びと、永遠と、不死の、そして自由と解放の。

　しかもほかの誰であれ、あなたに代わってそれをすることはできない。それは簡単だ。あなた自らがそれを行なうことだ。

■The Buddha:The Emptiness of the Heart, Osho

**ブッダであることは、ひとつの究極的な体験だ——
喜びと、永遠と、不死の、そして自由と解放の。**

**Q**

「自分自身を愛すること」は、幸せになるためのいちばんの基本のように思えます。私は何年もの間、この言葉を自分のなかで暖めてきました。セラピストをやっていたとき、私は多くの人が「私は自分が嫌いだ」「自分がかわいそうだ」「自分を誇りに思う」「自分なんていなくなればいい」「自分は素晴らしいんだ」などと言うのを一日中聞いていて、だんだんと不思議に思うようになりました——この「自分」とは、いったい誰なのだろう?

　あなたの「自己はない」という言葉を聞いていると、私は嬉しくなります。それを聞いてほっとするのです。もっとそれについて話して下さいませんか。

ソクラテスは「汝自身を知れ」と言った。そして、「汝自身であれ」と言うマスターたち、特にスーフィーのマスターたちがそれに続いた。だが、人類の全歴史においてたったひとり、ゴータマ・ブッダだけがこう言った。「自己というものはない。あなた方は空であり、完全な沈黙であり、非存在なのだ」と。

# Don't Stop!

彼のメッセージは、当時のあらゆる伝統から激しく非難された。なぜなら、彼らはいずれも何らかの形で「自己」という考え方に依存していたからだ。ほかのさまざまな点では違いがあるかもしれないが、ただひとつの点で彼らの考え方は一致していた――つまり「自己」は存在するということだ。非常に新しい考えを論じたゲオルギー・グルジェフのような人物でさえこう言った――あなたは自己と共に生まれるのではない。自己を自分でつくらねばならない。「汝自身に価せよ」――最終的には彼もまた、「自己」で終わってしまう。

「あなたは空だ」というブッダのメッセージは途方もなく重要だ。いくら「私」という言葉を口にしたところで何の意味もない。

私の視点からすれば、私があなたに「溶けなさい、存在のなかに消えてゆきなさい」と言うとき、私は同じことを、もっと肯定的な言葉で言っているだけだ。

ブッダの言い方がとても否定的だったために、多くの人々が途中で立ち止まった。なぜなら、自己がないのなら、なぜ思い悩むのか？　そこに成し遂げるべきものなどあるのだろうか？　たんに自分がいない、ということを知るだけだとしたら？という疑問が当然生じてくるからだ。

**宇宙は在るが、私はいない。何であれ私に、私として起こり現れるのは、ただ宇宙にすぎない。**

一生にわたる苦行や、瞑想のための途轍もない努力をしたところで、その結果として自分はいないということを知るだけなのか？

そんな結果に価値があるようには思えない！

そこでブッダに反対する者たちは、彼の教えを、微妙な精神的自殺の方法だと評した――通常の自殺よりもはるかに危険なものと――なぜなら通常の自殺なら、あなたは生き残るからだ。あなたは新しい形を取って生まれ変わる。しかしブッダに従えば、あなたは完全に自殺するだろう。それでお終いになってしまう。もはやあなたのものは何ひとつ残ってはいない。あなたの声が再び聞かれることはなく、あなたの姿が再び見られることもない。あなたは最初から存在してはいなかったのだ。

多くの人々が、ブッダのところに訪れては去っていった。誰も「無」を人生の目標に定めることができないからだ――いったい何のために？　瞑想のなかへと入ってゆくという、この途轍もない苦行と努力の目的が、ただ自分がいないことを見つけだすことだなんて……。このゴータマ・ブッダとは何と奇妙な人なのか。私達は今のままでいいのだ。そこに何もないのだということを見いだすために、そんなに深く掘り下げる必要があるだろうか？

そう、ブッダは正しい――自己がないということは。しかし、ブッダは人々の、気の毒な人々の助けになら

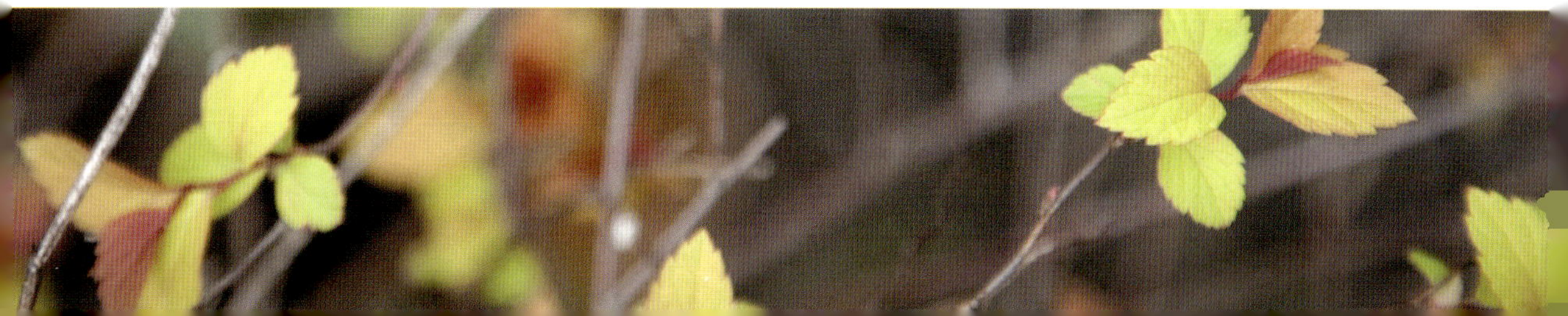

ない。なぜなら、彼らにはその声明に含まれるすべての意味を理解することができないからだ。

私はあなた方に言おう、あなたは自己をもたない、と。なぜなら、あなたは大いなる自己、「全体」の一部だからだ。切り離された、個別の、自分だけの自己などもてはしない。この言い方なら否定性を回避できるし、また、より利己的になってしまうような肯定的な欲望も生じさせない。その両極端を避けて、新しいアプローチを見いだしなさい。宇宙は在るが、私はいない。何であれ私に、私として起こり現れるのは、ただ宇宙にすぎない。

それを「私」と呼ぶことは、宇宙をあまりに小さくすることだ。宇宙を真実ではないものにしてしまう。そう呼ぶことは真実に一致しない。それを「自己」と呼ぶことは、宇宙を真実でないものにすることだ。なぜなら、自己はあなたが完全に独立しているときにのみ、あり得るのだから——だがあなたは独立してはいない。独立していたら、あなたはただの一度でさえ呼吸ができない。たった一瞬でさえ、太陽や月や星たちと無関係にはなれない。「全体」が、いつのときも何かを与えてくれる。それゆえにあなたは存在している。

それを認めることは、失うことではなく得ることだ。しかし利己的な意味での利得ではない。もしあなたがこの微妙さを見られるなら……自分は全体の一部だと理解することは、全体は自分に属し自分は全体に属していると理解することは、素晴らしい達成だ。そして素晴らしい達成でありながらも、そこには「自己」の影がない。

**自己というものはない。この理解は大いなる安らぎをもたらす。**
**このくつろぎのなかで宇宙のなかへと溶け去ってゆくことができる。**

私達は分かたれてはいない——山からも、木々からも、海からも、誰からも分かたれてはいない——と理解することは、もっともすばらしい理解のひとつだ。私達はすべて結ばれていて、一なるもの（ワンネス）に織り込まれている。得られるものは莫大だが、そこに「私」「私は」「私の」「私のもの」という意識はない。これらのことに関しては、全くの沈黙と空《くう》があるのみだ。しかし、この「空」はただ空虚なのではない。

空もまたある。それは実在している。空であるとは、存在しないという意味ではない。嫉妬のない人は愛に満ちているし、愚かさのない人は知性に満ちている。「空」それぞれに、それ自身の豊かさがある。そしてこの「空」とともにやってくる豊かさ——それは確実で、間違いない——を見逃すなら、あなたは盲目だ。

自己というものはない。この理解は大いなる安らぎをもたらす。自己を愛したり、嫌ったり、受け入れたり、拒絶したりする必要はない。自己は実際ないからだ。あなたはリラックスすることができるし、このくつろぎのなかで、宇宙のなかへと溶け去ってゆくことができる。

そのとき、無は「全体」になる。

■ Beyond Psychology, Osho

# The Valley of Flowers

# 花の谷

すべてを危険にさらす覚悟のある、ねばり強い旅人には、稀有な庭園が待っている。

芭蕉は詠んでいる、

私の脚は弱いけれど
満開の花のところに赴こう
吉野の山へ
（桜狩り　奇特や日々に　五里六里）

この吉野の山は、おそらく、多くの禅の俳人たちの句の中に詠まれているのだろう。日本の吉野山には、まったく途方もない種類の花が生育しているようだ。

ヒマラヤ山中に「花の谷」と呼ばれている場所がある。これまでそこに達した者は一人もなく、達するのはほとんど不可能だ。その深さは何百メートルもある。その深い渓谷を覗き込むにしても、何百メートルも上からだ。覗くだけですら危ない。というのも、坂が急なうえ、渓谷を取り巻いている山々の上の雪も、決して溶けたことがないからだ。

一人が見ているときには、もう一人がその人の腰をつかんでいなくてはならず、実に危険だ。ほんのすこし微風が吹いただけでも、あなたはおしまいだ。完全に粉々になって、二度と発見されることはないだろう。

だが私は、花咲く渓谷に行ったことがある。あなたが見ることができるのは、ほんとうに何百メートルも上からだけで、そこに立っていると、下の渓谷には途方もない種類の花が見える。それらの花は、どこにも見つけることはできない。私にはわずか一本でさえ、それが何の花なのか、まったく分からなかった……実に珍しい、まったく珍しい花だ。

おそらく日本の吉野にも、そうした珍しい多種多様な色彩や、香りの花があるのだろう。だから芭蕉も詠んでいる。「私の脚は弱いけれど、満開の花のところに赴こう、吉野の山へ」と。

しかしこれは象徴にすぎない。彼は何を言いたいのだろう？「私の脚は弱いけれど、そこには花が咲いている、そういう精神世界になら、どこにでも行くつもりだ。たとえそれが吉野の山に登ることであろうと、あるいはたとえ太平洋の底深く潜ることであろうと――そこに花が咲いているなら、私はそこに赴こう。私の身体がひ弱なのは問題ではない。なぜなら内面に関しては、身体が赴くわけではなく、二本の脚を持たず物質的現象ではない、その人の意識だけが赴くのだから」

しかし、もしあなたが、自らの存在のまさに中心の地点に――花咲く渓谷に――至ろうと決心するなら、これまでに決して経験したこともないような、ものすごい色彩や、幻覚的な花々や香りに出会うだろう。

芭蕉は言う。「それまでは何が起ころうと、立ち止まってはならない。すべてを賭して赴きなさい、花々の咲いているところに」。それは外側の世界のことではない。わずかな時間でしぼんでしまうような普通の花に、禅はあまり関心を払わない。その関心は永遠の花に、枯れることのない花にある。あなたはそれを抱いている――花咲く渓谷の底深くに、自らの存在のまさに中心に。

■ Christianity and Zen, Osho

私たちがいわゆる愛というものを経験するとき、それは続ける価値があるようには思えません。とは言っても、自分たちを止められるわけでもないのですが。さあ、ここで私たちは本物を見つけるまで進み続けるよう思い起こさせられます。

# 愛し続けなさい

Q 誰かを愛して深みにはまる度に、それはまったく愛などではないと気づきました。愛という名の何か別物です。もう愛は信じられません。もう前のように愛せるとは思えないのです。

最初の部分は完全に正しい。もしあなたが深く観察したなら、何か別のものが、贋物の何かが、愛の背後にいつも隠れているのを見いだす。しかし、贋物が存在できるのは、本物のコインが存在しているからにほかならない。もし本物のコインが存在していなかったら、どうして贋物が存在できるだろう。

愛の背後には、ときには所有欲が、ときには情欲が、ときには何か他のものが、嫉妬が、隠れている。

しかし、なぜそれは愛の背後に隠れているのだろう？　それは、愛こそ本物のコインだと感じているからだ。あなたはふりをして、その背後に隠れることができるからだ。愛の背後なら、あなたは安全だ。いつであれ、あなたがどこかに隠れているときには、それは単純に、その場所が防御になるということを、あなたの鎧になれるということを示している。

なぜ、何もかもが愛の背後に隠れることを求めるのだろう？　それは、愛が世界における最大の防御だからだ。世界における最大のリアリティー、唯一のエネルギーであるからだ。それ以外はすべて偽りだ。愛こそ真実だ。愛でないものはすべて偽りであり、あなたが何をしようと、愛でなかったら、まったくの浪費にすぎない。愛であるものはすべて真実だ。

さらに、何であろうとあなたが愛の道の上で為すことは、あなたの存在を増大する。それは、あなたにより多くの真実を与え、あなたをいっそう真実にする。

そうと知って、あらゆるものが愛の背後に隠れる。というのも、愛は庇護を与えることができるからだ。愛はあまりにも美しいため、醜悪なものでさえ、その背後に隠れることができる。美しく見せかけられる。

だから、最初の部分は正しい。この質問者は全面的に正しい。

「いつも誰かを愛して、その後でよく見てみると、それはまったく愛ではなかったということに気がついたのです。それは愛という名を借りた別の何かだったのです……」

Keep on Loving

## Don't Stop!

まったく正しい。

「……かくて、わたしは今では、愛に何の信仰も持っていません……」

これは間違いだ。なぜなら、あなたはまだ愛を知ってはいないからだ。どうしてあなたは、まだ自分が知りもしない愛への信仰を、失うことができるのだろう？

あなたは、嫉妬への信仰をなくすことはできる。所有欲への信仰をなくすことはできるし、怒りへの信仰や、情欲への信仰をなくすことはできる。しかし、あなたはまったく愛と出会ったことがない。どうしてそれへの信仰をなくせるのだろうか。信仰を失うにしろ持つにしろ、少なくとも、いくらかの愛の経験が不可欠だ。

あなたはまだ、愛に近づいたことがない。

もうちょっとよく見てごらん。そうすれば、今度こそあなたは整理することができる。

何が嫉妬か？——あなたは知っている。何が所有欲か？——あなたは知っている。これは良いことだ。あなたは進歩している。これこそ、すべての人がすべき進歩だ。

はじめのうちは、あらゆるものが混じり合っている。あたかも黄金の中に泥が混じっているように。それなら人は、その黄金を火の中にくべなければならない。黄金でないものはすべて燃え尽き、落とされる。唯一、純金だけが火から出てくる。目覚めがその火であり、愛がその黄金だ。嫉妬や、所有欲や、憎悪や、怒りや、情欲などは不純物だ。

**何であろうとあなたが愛の道の上で為すことは、あなたの存在を増大する。**
**それはより多くの真実を与え、あなたをいっそう真実にする。**

あなたはより目覚めるようになってきた。今や、あなたは何が嫉妬なのかわかる。それは愛ではないということがわかる。戦《いくさ》の半分に勝ったのだ。戦の五十パーセントは終わっている。あなたは嫉妬を認識できる。しかし、あなたはいまだに何が愛なのかは知らない。

あなたは正しい進路にいる。絶望的になってはいけない。勇気をなくさないことだ。信仰を失ってはいけない。というのも、遅かれ早かれ、あなたは何が愛なのか知ることができるからだ。あなたは我が家に近づいている。

そんなに急ぐことはない。

もし長いこと間違っていたからといって、この先ずっと間違うのだと考えないことだ。摂氏百度で、それは突然、正しい方に転回する。人は、不純性のすべてに浸透する必要がある。

あなたは正しい進路の上にある。だから、喜びなさい。

それに、何が愛でないのかあなたに認識できたのは、愛への深い願望のためだ。さもなければ、あなたはどうやって認識できるのだろう。これは黄金ではないと認識できるのは、黄金が存在するからだ。そうでない限り、これは愛ではないと知る基準は何だろう？

あなたには何か暗黙の理解がある。それはまだ意識にのぼっていない。それは暗黙のもの、深い根底にあるものだ。それが、理解している、理解したということの意味だ。あなたには、何が愛かを知っている暗黙の理解が、ある深い底流がある。だからこそ「これは愛ではない、あれは愛ではない」と見つけだすことができるのだ。

これは良いことだ。あなたは正しい進路の上にいる。

まさに最後まで、その道を全部行くがいい。あなたが、嫉妬や所有欲、怒り、欲望、耽溺、悦楽、そして千と一つのものに目覚めてきたのは愛の可能性ゆえだ。しかし、その中心的な核は、愛の暗黙の理解にかかっている。

もしあなたが少しでも目覚めてきたら、何が真実かをいつも知るようになる。真実は学ぶ必要がない。人はただ、少し目覚める必要がある。そのときには、その真実が自らを明かす。啓示とは真実の本質だ。

そして真実が明らかになったとき、その真実が知られていなかったときに真実を装っていた嘘すべてが、あらゆる嘘が同時に明らかになる。

少し敏感でいなさい。そうすれば、あなたのハートがあなたに道を示してくれる。

そのときには、愛の背後には何も隠れることはできない。ものごとが愛の背後に隠れることができるのは、あなたが無意識だからだ。それは愛の落度ではなく、あなたの無意識によるものだ。

だから、愛に不信を抱いてはいけない。無意識に対して不信を持つことだ。愛への信仰を失ってはいけない。愛はあなたに何もしたことはない。愛はあなたに対して、何ひとつ間違いを犯したことはない。実のところ、あなたを求めもせず、あなたを生き生きさせているのは愛なのだ。

わたしはそれを繰り返す。あなたの悪意にも関わらず、あなたを生き生きさせているのは、愛なのだ。

無意識への信仰をなくすがいい。もしあなたに意識があったら、そのときには何も愛の背後に隠れることはできない。そうなったら、贋物があなたを騙すことはできない。

「それは愛という名を借りた別の何かだったのです。かくて、わたしは今では、愛に何の信仰も持っていません」

これは馬鹿げている。この論理は誤りだ。あなたはまだ、愛と出会ったことがない。どうして、愛への信仰を失うことができるだろう。

もう少し探求するがいい。そのまさに最後まで行くことだ。あなたがより深く自分自身の中に入ったなら、きっと純金を見つけだす。

それは井戸を掘っているようなものだ。井戸を掘ると、石ころや、岩や、屑が出てくる。この地層の下にもっと純粋な土壌があり、

# Don't Stop!

その層の下には湿った土壌がある。その下は泥水で、その下に清水がある。あなたが深みに行けば行くほど、いっそう純粋な泉が入手可能になる。そして、あなたのハートの内側もまた、そうなっている。表面にはただの土くれや、埃、岩がある。それから乾いた土、それから湿った土、それから泥水だ。

　しかし、信仰をなくさないことだ。あなたは我が家に近づいている——そのときには清水がある。

「わたしたちが、あるがままの自分で愛し合えるとは、どうしても信じられません」

　これは真実だ。あなたは、今のままの自分を愛することはできない。しかし、今のままに留まることを選ぶ必要もまったくない。あなたは変わることができる。自分の枠組にしがみつく必要はない。あなたはその枠をはずすことができる。

　それこそ、ここでわたしがしていることだ。わたしたちが一緒にやろうとしているのは、まさにそれだ。あなたが自分を整列し直せるよう、自分を編成し直せるように、古いものが消え、新しいものが生まれるように、あなたの枠をはずすことだ。

これは真実だ。今あるあなたのままでは、あなたは愛することはできない。だからといって、愛への信仰を失う理由はない。自分

**自分のエゴへの信仰をなくすがいい。**
**もしあなたが愛することを妨害しているのがあなた自身だったら、そのときはそのあなたを落とすがいい。なぜなら、愛にはそうする価値があるからだ。**

自身への信仰をなくすことだ。自分のエゴへの信仰をなくすがいい。もし、愛することを妨害しているのがあなた自身だったら、そのときはそのあなたを落とすがいい。なぜなら、愛にはそうする価値があるからだ。何百万ものあなたなど、愛の一瞬ほどにも貴重ではない。

　この枠を落とし、大空を選び取りなさい。鳥籠を選んではいけない。あなたが自分だと感じているそのあなたは、社会によって与えられた鳥籠以外の何物でもない。大空を選び取り、その鳥籠を落としなさい。

■The Beloved, Osho

生は理論ではない。生は愛だ。理論は複雑な現象だ。愛はシンプルだ。無垢な交感だ。生は数学より音楽に近い。というのも、数学はマインドのものだからだ。そして、生はあなたのハートの鼓動の中で脈打つ。

　ひとは愛は盲目だと言う。というのも彼らは愛が何であるかを知らないからだ。私はあなた方に言おう。愛だけが見ることができる。愛を除いては、すべてが盲目だ。ひとたびあなたの愛の目が開いたら、今まで夢にも思わなかったことが、本当に起こり始める。それはあなた自身思ってもみなかった新しい歌、自分が書いたと思えないほど、洞察に満ちた新しい詩なのだ。

古い教典に、書いた者たちの名前がないのはそういう理由からだ。なぜなら、書いた者たちは、自分たちがウパニシャッドやヴェーダの書き手だとは信じられなかったからだ。彼らは信じられなかった。せいぜい彼らは乗り物だった。彼らは乗っ取られていた。何らかの宇宙的なエネルギーが、彼らを乗っ取っていた。そして、彼らが書いたものは彼らとは何の関係もない。彼らは自分たちが書いた教典にサインをしなかった。

ゴータマ・ブッダのもっとも美しい古代の影像、それに匹敵する物は二度と作れない影像、それを彫った者たちを特定するのは極めて難しい。アジャンタやエローラの洞窟のすばらしい建築は、ほとんど人間離れした仕事に思える。彼らは自分たちの名前を書くことすらしなかった。なぜなら、彼らは自分たちがそれをしているとは、決して思わなかったからだ。彼らは、存在が自分たちを道具として使うのを経験した。そして、道具に選ばれたことは祝福であり、彼らはそれに感謝した。存在は彼らに哀れみ深く、彼らは充分報いられた。

愛はあなたを空にする。嫉妬の空、自己顕示欲の空、怒りの空、競争の空、エゴとその全てのがらくたの空。だが、愛は今のあなたが知らないもので、あなたを満たしもする。それはあなたを芳香で満たし、光で満たし、喜びで満たす。

　あなたが愛の中にあるとき、あなたは物質世界に関する限りでは、自分自身が虚空の中へ消えていくかのように感じる。だが、もう一方であなたは、非物質的で霊的で、この世界とは違う新しい類の充足に入っていく。だが、この世界だけが全てではない。超越的な何か、彼方からの何かがあるのだ。

　ただ愛の中に消え続けなさい。後ろを振り返ったり、どこかでやめたりしないことだ。なぜなら、この旅は始まりだけがあり、決して終わりがないからだ。

■ Beyond Enlightenment, Osho

# 無 Nothingness needs nobody for it to happen

## 無が起こるのに誰も必要ではない……

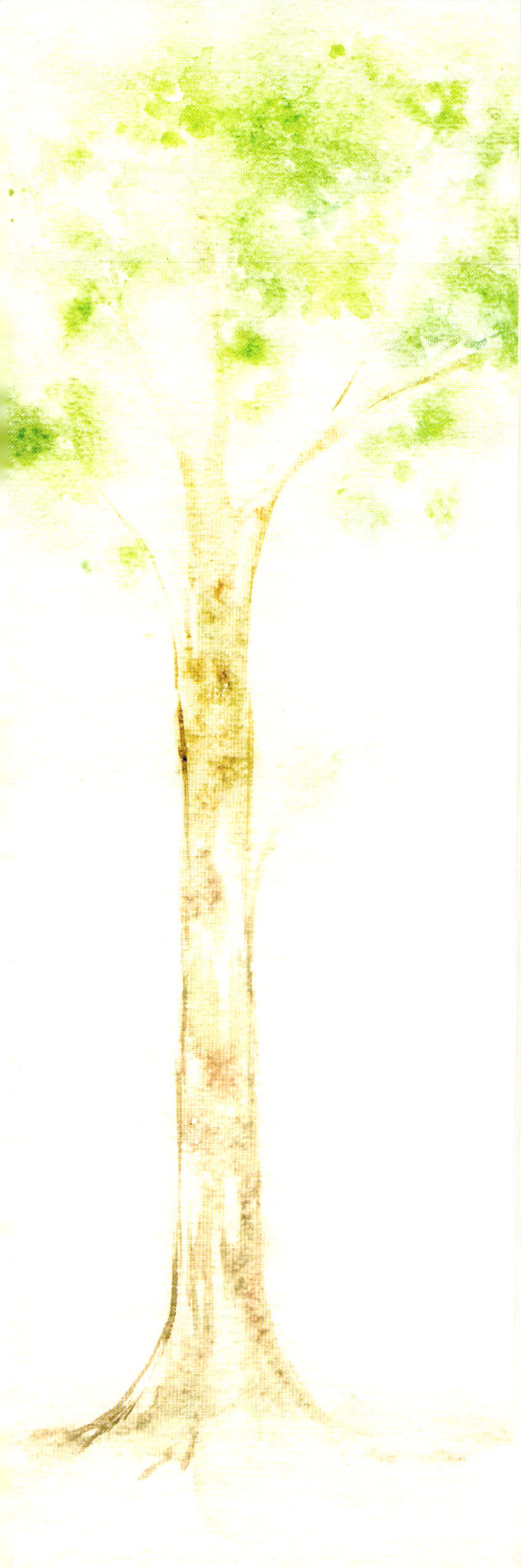

禅のマスターのある弟子が、二十年間瞑想をしていた。何度も何度も、彼は自分の体験を携えてマスターのもとへ行ったが、マスターは彼を放り出してこう言った。
「そんなものはすべて戯言だ！　戻って瞑想しなさい！
無の体験とともに来るのでない限り、私のところへ来てはいけない」

そしてある日、それは起こった。無の体験が起こった。彼は実存の不在、深い無を感じた。内側には誰もいないと感じた。この上もなく幸せだった。彼はマスターのもとへ走り、彼の足下にひれ伏してこう言った。

「それが起こりました ── 私は無を見ました！」

マスターは言った。「出て行け！　今すぐ出て行け！もしお前が無を見たのなら、お前はまだそこにいるということだ。これは真の無ではない ── お前の何かがまだ根をおろしている。『私は無を知った』と言う者さえもいなくなったら、初めて私のところに来なさい」


そして、それから何年も経った。それでも弟子は現れなかった。そこである日、マスターが弟子のもとへ向かった。弟子は木の根元に座って笛を吹いていた。マスターは近づいた。弟子は誰も来なかったかのように、笛を吹き続けた。マスターは弟子に祝福を与えてこう言った。

「今それが起こった！　今やお前はまったく我関せずだ。今や何も要求していない。今では私という考えがないことが、とても自然になった」

■ The Guest, Osho

# 二つの目撃者の原則を理解する

OSHOはアティーシャのスートラを「最も重要な経文の一つ、内なる錬金術における非常に基本的な教えの一つ」と言っています——「それをハートに深く沈めなさい。それにはあなたを変容する力がある。あなたに新しい誕生、新しいビジョン、新しい宇宙を与える力がある」と言います。このスートラには二つの異なる意味があると、説明しています。

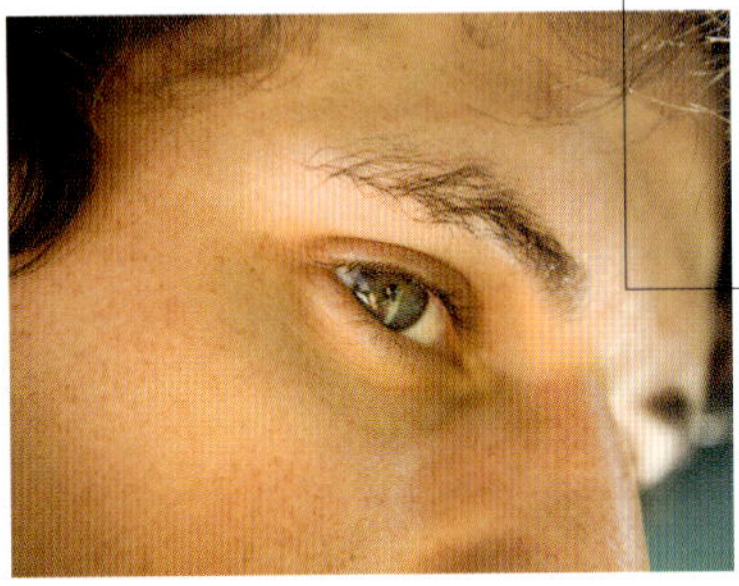

**まずはじめに、マインドの対象を観照するということ。**
**そして二番目に、観照者自身を観照することだ。**

## Grasp the Principle of Two Witnesses

最初の意味は、二種類の目撃者がいる、ということだ。一方は、あなたを取り囲む人々のことだ。あなたが見られ目撃されていることに、あなたは絶えず気づいている。それは、あなたの中に自意識を生み出す。それゆえに、あなたがステージの上で大群衆に向き合うときには恐れがある。俳優はそれを感じ、詩人はそれを感じ、演説者はそれを感じる。そして初心者だけではなく、演じることに生涯を費やした人々でさえも、それを感じる。彼らがステージに上ると、うまくやり遂げられるかどうかという大きな震えが、ものすごい恐れが生じる。

とても多くの目があなたを見ることで、あなたは物体に変えられてしまう。あなたはもはや主体ではなく物になった。そして、彼らがあなたを高く評価しないかもしれないので、あなたは怖い。彼らはあなたの自我を満足させないかもしれない。彼らはあなたが好きではないかもしれない。彼らはあなたを拒絶するかもしれない。いまや、あなたは彼らの手の中にある。あなたは隷属的な奴隷に落ちぶれる。いまやあなたは、高く評価されるように行動せざるを得ない。あなたは、彼らの自我を支えねばならない。そうすれば、彼らがあなたの自我を支えるという希望が生じる。

友人といるときには、あなたはそれほど恐れない。あなたは彼らを知っている。彼らに意外性はない。お互いに頼っている。しか

郵便はがき

料金受取人払郵便

杉並南支店承認

5131

差し出し有効期限
平成25年2月
14日まで
切手は不要です

168 8790

東京都杉並区
高井戸西 2-12-20

**市民出版社 編集部**行

フリガナ
お名前　　　　　　　　　　　　男
　　　　　　　　　　　　　　　女　　歳

ご住所　〒
都道　　　　郡
府県　　　　市
　　　　　　区

TEL　　　　　　　　　　　　FAX

E-mailアドレス

ご職業または学校名

過去に弊社へ愛読者カードを送られたことがありますか
ある・ない・わからない

新刊案内のお知らせ（無料）
希望する・希望しない

ビデオ・オーディオ・ＣＤのカタログの郵送(無料)
希望する・希望しない

ご購入の本の書名　　　**OSHO タイムズ**　　　　巻
（※ 巻数をご記入下さい。）

---

ご購入書店名

都道　　　　市区
府県　　　　郡　　　　　　　　　　書店

---

お買い求めの動機

（イ）書店店頭で見て　（ロ）新刊案内を見て　（ハ）カタログを見て
（ニ）広告・紹介記事・書評を見て（雑誌名　　　　　　　　　）
（ホ）知人のすすめで　（ヘ）OSHO への関心　（ト）その他（　　　　　　）

●この本の中で、どこに興味をひかれましたか？

a. タイトル　b. 著者　c. 目次・内容を見て　d. 装幀　e. 帯の文章
f. その他（　　　　　　　　　　　　　　　　　　）

●本書についてのご感想、ご意見などをお聞かせください。

●これから、どんな本の出版がご希望ですか。

●最近読んで面白かった本は？

書名　　　　　　　著者　　　　　　　出版社

● OSHO 関係の瞑想会、イベント等の案内をご希望ですか？

希望する・希望しない

ご協力、どうもありがとうございました

## Don't Stop!

し、あなたが無名の群集と向き合うときには、より大きな恐れが生じる。あなた全体が震え始め、自分の全自我が危うくなってしまう。あなたは失敗するかもしれない。誰にもわからない。あなたの成功は保証されていない。

これが最初の種類の目撃者だ。他人があなたを目撃していて、あなたはただの乞食だ。この状況の中で、何百万人もの人が生きている。彼らは他人のために生きているので、生きているように見えるだけだ。実際には生きていない。常に他人に適応している。他人が彼らに満足しているときにだけ、彼らは幸せだからだ。彼らは単純な理由のために——自我が強化され、有名になり、名声を得るために絶えず妥協し、自分の魂を売っている。

この状況の中で、九十九・九パーセントの人々が生きる。あなたは一種類の目撃者、他者だけを知っている。そして、他者は常に不安をつくる。

聖職者は昔から、人々の中に恐れを作り出すために「神は絶えずあなたを見ている——明けても暮れても絶えずあなたを見ている」と言う。あなたは眠っているかもしれない。神は決して眠らず、ベッドのそばに座って見続ける。彼はあなたを見るだけでなく、あなたの夢、あなたの考えも見る。それであなたは、あなたの行為のために罰せられるだけでなく、あなたの夢、あなたの考え、あなたの欲求、そしてあなたの感情のためにも罰せられる。あなたが自分自身である瞬間は、ほんの一瞬さえも与えられない。それは、人々を物に変えるための申し分のない戦略だった。

私たちはなぜ、他人の注目を渇望するのか？ ありのままでは、私たちは空洞だからだ。ありのままでは私たちは存在しない。ありのままでは、私たちは存在の中に中心を持たない。私たちは単なる雑音、群集だ。主人が不在であるか眠っているので、互いに争っている使用人たちでいっぱいの家が私たちなのだ。少なくとも偽の中心を作れるように、私たちは他人の注目を渇望する。本物が見当たらなければ、少なくとも私たちは、偽の中心に頼ることができる。それは、あなたにみせかけの統合を与え、あなたを人に変える。あなたは個人ではない。個性とは真に中心のある存在、自分が誰であるかがわかっている人の香りだ。

他人の目が、あなたの人格を映すために必要だ。あなたはこれでもなく、あれでもない。あなたは存在するが、あなたはあなたの真実の中に存在する。あなたは他人によって作られているのではない。ありのままの中に、まったくのあからさまの中に、真正の中にあなたは在る。

これは、多くの人々が社会から逃げることが賢明だと考えた理由の一つだ。それは必ずしも社会から脱出するためではなく、必ずしも社会に反対するためではなく、ただ人格を捨てるための努力だった。ブッダが宮殿を去らねばならなかった理由は、自分の人格を捨てるためだけだった。彼はあるがままの自分を知りたかった——他の人が彼について考えるものではなく。

辞書では「人格」と「個性」は同義語だ。それらは生の中では同義ではない。人格は偽り、虚飾、外見だ。個性はあなたの真実だ。

なぜ私たちは、ありとあらゆる人々に注目して欲しいのか？ 人格を作るためだ。そして自分のまわりに人格を多く作るほど、自分の個性を知る可能性は少なくなる。人格は展示品だ。

他を欺くことはできるが、長い間自分を欺くことはできない。

そして自分の個性を楽しむことができる日、あなたは自由だ。他者への依存から解放される。あなたが彼らの注目を要求すれば、代わりにその代価を支払わなければならない。それは束縛だ。人々に気づかいを求めれば求めるほど、あなたは売ったり買ったりできる商品、物になっている。それはすべての有名人――政治家、ショービジネスの人々に起こる。

これはある種の目撃だ。あなたは目撃されたい。それはあなたに社会的地位を与え、あなたはそれを保つために、性格と道徳を作ることになる。しかし、その性格と道徳はすべて偽善だ。他の人々を自分の方へ引きつけようという動機のために、あなたはそれを作るのだ。

社会的地位を望むなら、順応者にならざるを得ない。社会とその要求に従わねばならない。なぜなら社会は、ぐっすり眠っている人々から成立しているからだ――社会の価値が正しいはずがない。

それが、あなたの何千人もの聖者たちの在り方だ。彼らは、社会的地位の祭壇ですべてを犠牲にする。彼らは自分たちを拷問し、自滅的だが一つのものを獲得する。彼らは聖者になり、人々は彼らを崇拝する。

あなたがそうした崇拝、社会的地位、聖者であることを望むなら、あなたはますます偽物になり、ますますまがいものになり、ますますプラスチック製になる。あなたは決して本物のバラではない。そしてプラスチックのバラであり、本物のバラでないことは、人生で起こり得る最大の災難だ。

二番目の種類の目撃はまったく異なり、まさに正反対だ。それは、他人の注目を渇望するということではない。それどころか、あなたは自分自身に注意を向け始める。あなたは自分自身の存在の観照者になる。あなたは自分の思考、願望、夢、動機、貪欲さや嫉妬を見始める。あなたは、自分の中に新しい類の気づきを作る。あなたは何であれ、起こることを見続ける静かな中心になる。

あなたは怒っている。そしてそれを見ている。あなたはただ怒っているのではない。新しい要素がもたらされている。あなたはそれを見ている。そして奇跡は、怒りを見ることができれば、怒りは抑圧されずに消えるということだ。

最初の種類の聖者は、それを抑圧しなければならない。彼は貪欲さを抑圧しなければならない。彼は性欲を抑圧しなければならない。そしてあなたが何かを抑圧すればするほど、それはより深くあなたの無意識に入る。それはあなたの地下の一部になり、そこからあなたの人生に影響を及ぼし始める。それは膿がにじみ出ている傷に似ているが、あなたはそれを覆った。ただそれを覆うことで健康にはならない。それは回復しない。実のところ覆うことで、それがますます増大するのを手助けしている。あなたの聖者たちは悪臭を放っている。ありとあらゆる抑制の匂いを放っている。

二番目の種類の目撃は、まったく異なる種類の人を作る。それは賢者を作る。賢者とは、他人の考えに従わずに、自分が誰なのかがわかっている人だ。賢者とは、他人の価値に従わずに、自分自身の本質に従って人生を送る人だ。そのように生きるための、自分自身のビ

## Don't Stop!

ジョンと勇気がある。

賢者は反逆的だ。聖者は従順で正統的、因習的で伝統的な順応者だ。賢者は順応者ではなく、非伝統的で独創的で反逆的だ。反逆は、彼の存在のまさに味わいだ。彼は他に依存していない。彼は自由が何であるかを知っており、自由の喜びを知っている。聖者の後には大群衆が続く。賢者には彼を理解できる選ばれた人々だけがいる。賢者は大衆から誤解され、聖者は崇拝される。

聖者には人格があり、賢者には意識がある。その違いは途方もなく、天と地ほどの違いがある。人格は、隠された動機――この世で社会的地位を得て、天国のような楽しみをますます多く持つという動機のために強いられる。意識は未来も動機も持たず、それ自体が喜びだ。それは何らかの目的のための手段ではなく、それ自体が目的だ。

アティーシャは言う。

二つの目撃者の原則を理解すること。一番目を避けて、二番目に飛び込みなさい。

この経文には別の意味もある。もう一つの意味は、まずはじめに、マインドの対象を観照するということだ。これは最初のものよりも、意味が高度だ。マインドの対象を観照しなさい。

パタンジャリは、それをディヤーナ、瞑想と呼ぶ。同じ言葉から禅とチャンが来ている。マインドの対象と内容を観照しなさい。何があなたの前を通ろうと、評価も判断も非難もせずに見なさい。賛成も反対もしてはならない。ただ見なさい。するとディヤーナ、瞑想が作り出される。

そして二番目に、観照者自身を観照することだ。するとサマーディが生まれ、悟りが生まれ、究極のエクスタシーが生まれる。一番目が二番目へと導く。あなたの思考を見始めなさい。だが、そこで止まってはならない。思考が消えたら、そのとき到達したと思ってはいけない。もう一歩、もう一つのことがなされなければならない。今度は、見ている人を見なさい。今度は観照していることを、ただ観照しなさい。他には何も残されていない。あなただけがいる。ただ突然、気づきそのものに気づきなさい。そうすれば次に、ディヤーナはサマーディに変わる。マインドを見ることで、マインドは消える。観照者を見ることで観照者は拡大し、普遍的になる。

一番目は、マインドを取り除くための消極的なステップだ。二番目は、究極の意識――それを神、ニルヴァーナ、あるいは好きなように呼びなさい――に根ざすようになるための、積極的なステップだ。

■The Book of Wisdom, Osho

# OSHO  Don't Stop!

「タオ」は、真理、存在、ダルマ、ブッダなど、言葉にできない究極のリアリティを表す中国語だ。タオはすばらしい象徴だ。それは何ものも意味しない。それはただ、指し示すだけだ。それは道標の上の矢印だ。それは言う。進み続けなさい。あなたは正しい道の上にいる。最終地点に至らない限り止まってはならないと。

あなたが大海に溶け込まない限り、止まってはならない。他のどの場所も、あなたのゴールではない。もっと、さらにもっと進み続けなさい。あらゆる境界が溶解する大海に至ることだ。

あなたのマインドは、あなたの内なる家族だ。あなたが何か新しいことをしたい時はいつでも、あなたが未知の中に入っていきたい時はいつでも、マインドが抵抗する。マインドはあらゆる正当化を見つける。それはあなたに大変な苦闘をもたらす。それは当然だ。だから、それについて心配しないこと。それはそういうものなのだ。だが、あなたが何かを続ければ、自分のマインドのマスターになる。ただ、忍耐、根気強さが必要だ。

普通の愛の経験にも、何か並外れたものがある。そこで止まらないこと。それを踏み台にしなさい。それを超えて行きなさい。そして、常に超えて行き続けなさい。あなたがもっと愛せるように、常に自分の愛する能力の上をいくことだ。そうすれば、究極的かつ最終的には、愛があなたから分離したものでなくなる瞬間が訪れる。あなたはそれだ。それが成就の日だ。

あなたこそが自分自身のゴールなのだと、常に覚えておきなさい。他の誰でもあり得ない。そして、「私は自分の運命を達成した。そして今や成就した」と言える地点に来ない限り、止まってはならない。超え続けなさい。満足せずにいなさい。動き続けなさい。

失うものは何もない。たとえ全てが失われても、失うものは何もない。というのも、実のところあなたには何もないからだ。人は何を失えるだろう？　この肉体はある日失われる。このマインドは当てにならない。それは常に変わる。死は明日にでも、あるいは次の瞬間にでもやって来る。だから、失うべき何があるだろう？　全ては独りでに進む。だったら、なぜ冒険をしないのか？

ブッダは言っている。「歩き続け、歩き続けなさい」。もうどこにも行くところがないという地点に至るまで。その地点にやって来るまで。どこかへ行くどんな道もないという究極の地点にやって来るまで。そうしたら留まりなさい。そうなった時だけ、留まりなさい。そうすれば、あなたはくつろいでいる。そうすれば生は至福だ。生は天の恵みだ。そうしたら生は祝福だ。

# In a Few Words

## ■ 簡単に言うと……

人生では、やり続けることだけが必要だという状況が、ときどきあります。やめないこと！

生には、深みを超えた深みがある。最奥の底に至って永遠のものに触れない限り、存在の意義や光輝、荘厳さ、祝福の横溢を知ることはない。

まず最初に、自分の頭からハートに降りてきなさい。だが、そこで止まらないこと。それは、ただ一晩の宿泊に過ぎない。一夜の宿だ。そこでちょっとした休憩を取ることができる。だがゴールではない。ハートから存在の中へ、降りていきなさい。

愛はまさにセックスと慈悲の中間にある。その下は動物の世界で、その上は神々の世界だ。愛はまさに中間にある。ドアであり入り口だ。愛から始めなさい。だがそこで止まらないことだ。それは始まりとしてはすばらしいが、終わりとしてはそうではない。終わりは慈悲であるべきだ。

至福は、私たちに付け加えられるべき何かではない。それは達成ではない。それは私たちの魂そのものだ。だが、社会はそれに至るのに、あまりに多くの障壁を作り出してしまった。それは道の上にたくさんの岩々を置いた。至福にはどんな努力も要らない。だが、そういった岩々がそこにある。それで、確かに彼らには大いなる努力が、大いなる勤勉さが、大いなる忍耐と根気強さが必要だ。ひとたび、それらが取り除かれれば至福は自然であり、独りでに起こる。

人生は発見の旅だ。もし、自己存在の究極の真実を発見していないのなら、どこかで止まってはいけない。止まるところはたくさんある。とても美しく、とても魅力的で、扇情的で魅惑的だ。一つのことを覚えておくこと。自分が誰かを理解するに至らない限り、とどまるところはない。あらゆる類の経験に開いていなさい。

未知のもののために、そして不可知のもののために、全てを賭けなさい。なぜならあなたは、自分にどれほどの香りが、どれほどの喜びが、どれほどの生が可能なのかを知らないからだ。ただ一歩を踏み出すことだ。それはその中に溺れ、その中に消える用意をするということだ。止まってはならない。あなたには失うものなど何もない。全てを賭けるがいい。

# Celebrating Inside and Out

# 内側と外側を祝福する

あなたの知識から抜け出しなさい。
すると生は驚きに満ちている。
一瞬一瞬、あなたはとても多くの素晴らしい
出来事に出会うだろう。
種が芽を出し、朝につぼみが開き、
花がその香りを放つのは奇跡だ。
これ以上のどんな奇跡が必要だろうか。

## IMPRESSIONS

あなた自身を受け容れ、愛しなさい。
あなたは特別で、ふたつとない。
これまで誰もあなたのような人はいない。
そしてこれからもいないだろう。
これを受け容れ、愛し、祝福しなさい——
するとまさにその祝福のなかで、
あなたは他人の独自性、
比類なき美しさを見始めるだろう。
愛は、自分自身や他人、世界を深く受け容れたときにのみ可能だ。
受容することで、愛が育つ環境、愛が花開く土壌を創り出す。

はじめに愛し方を学びなさい。
愛は光をもたらし、愛は喜びをもたらし、
愛は祝福をもたらす。
内側が幻覚をもよおすほど美しくなるので、
外側はとても色あせて見える。
すると、もはや誰もあなたに内側を観るように
説得する必要はない。
愛だけが、あなたが陰気で精神病的にならずに、
外側から内側へ行く橋となり得る。
さらに内側にいることは、途方もない価値がある。
それは純粋な健康、全体性だ。

瞑想は世界で唯一の魔法であり、唯一の奇跡だ。
あなたの中にすべての花々の恍惚、喜び、平和、
深い静寂、沈黙、火を集めなさい。
とても静かな永遠の生の火、とても香しい超越のそよ風、
これを私は禅の火、禅の風と呼ぶ。
私たちは地球全体を、禅の火と禅の風で
埋め尽くさなければいけない。
これが唯一、人間とこの美しい惑星を破壊から、
政治家から、僧侶から救う可能性だ。

## 健康

# 動きと覚醒

とても内面的なダンスのプロセスがある。体はあなたが両面から、つまり外側からと内側からと見る世界の対象に過ぎない。

他の人たちとダンスするときは、外側から自分の体を見ることになる。それは彼らの体ではない。動きがあり、リズムがあり、ダンスのステップがあり、順序があってもなくても、そこには動きがある。

もしあなたが内側から観るようになったら、ダンスをすればするほど、内側には何の動きもないことを見てとるようになる。体がくるくる回っているとき、単純に動きを楽しみなさい。突然、あなたは内なる観照者に気づくことができる。それは動いている世界の動かない中心だ。あなたはそのコントラストを観ることができる。

私たちはふつうに動き、歩き、話し、寝に行く、だがその動きには決まった手順がある。あなたがダンスをし、より早くより早く動き続けると、動きがもはや決まった手順ではなくなる瞬間が訪れる。突然、あなたは完全にクレージーになり、自分の体が動き続けているのを見る。あなたは観照者となり、体の上に滞空している。あなたが旋回するほど、自分の中の動かないセンターを見るのは、容易になる。

■God Is Not for Sale, Osho

# MOVEMENT AND

あなたのエナジーが流れとなり、動きとなり、川となるとき、大きな喜びがある。他に理由はない。ただあなたがもっと流動的になり、流れ、生き生きとするからだ。あなたのハートに歌が生まれ、大きなエクスタシーが生じる。

それが起こるときは驚きだ。なぜならあなたには何もその理由を見つけられないからだ。それは人生における最も神秘的な経験であり、因果の法則を超えた何かだ。それは生まれつきのものであり、あなたの全面性、流れの中にあるあなたそのものだ。

いつであれ、あなたが流れているときは、海に向かって流れている。それが喜びなのだ。川は海に向かって、究極なる愛するものに出会うために動いていく。あなたが流れているとき、あらゆる瞬間に海に向かって近づいていく。そして川が近づいていくほどに、より多くのダンスがあり、より大きなエクスタシーがある。

■ The Dhammapada:The Way of the Buddha, Osho

瞑想的な意識と共に、すべてが完全に変化する。体全体が生き生きし、敏感になり、目覚め、結果として軽やかになる。そうなると、存在し蓄積するためのセンターがなくなる。なぜならそれらは、意識の凍りついたブロックなしには存在できないからだ。あらゆる瞬間に、流れ、動いていく意識がそれらを洗い流す。そして体全体が生き生きとしたとき、あなたははじめて、自分のまわりの広大無辺の意識を感じるようになる。

■ A Cup of Tea, Osho

# 意識を超えていく技法

## 雲の向こうの青い空にただ見入ることによって、静寂が。

Look into the Limitless Sky

これは古代インドの瞑想テクニックであり、高次の意識の体験に向けて、一歩を踏み出すためのシンプルなエクササイズです。これは日常生活の中でも行なう事ができます。

## 雲の向こうの青い空に ただ見入ることによって、静寂が。

ただ見る。考えるのではない。空は無限だ、終わりがない。ただそれに見入る。そこには対象がない、だからこそ空が選ばれたのだ。空は対象ではない。言語学的に言えば対象だが、実存的に言えば対象ではない。対象ならその周囲を巡ることもできる。だが空のまわりは巡れない。あなたは空の中にいるのであって、空のまわりは巡ることができない。

だから青い空に見入るのだ。どこまでも見入る。対象は無限だ、境界線はない。それについて考えてはいけない。「美しい空だ」などと言ったり、「なんてきれいなんだろう！」などと言ったりしない。その色を観賞したり、思考を開始したりしない。思考を開始したら、あなたはもう停止している。もはやあなたの目は青空に、無限の青空に向かっていない。ただひたすら見つめるのだ。考えたり、言葉を創り出したりしない。

言葉は障害になる。「青い空」という言葉さえ発してはいけない。言語化はしない。必要なのは青い空への純粋無垢なまなざしだ。それはけっして終わらない。それをどこまでも、どこまでも、どこまでも続け、そして突然、自分自身に気づく。なぜならそこに対象はなく、ただの虚空しかないからだ。虚空に向かうと感覚は無用なものになる。感覚が役立つのは対象があるときだけだ。

必要なのは青い空への純粋無垢なまなざしだ。それはけっして終わらない。それをどこまでも、どこまでも、どこまでも続け、そして突然、自分自身に気づく。

花を見ているとき、あなたはそこに「なにか」を見ている、つまり花がそこにある。だが空はそこにない。空とは、いったいなにか——そこにない空とは……。「空」は空間を意味する。対象はすべて空間の中にある。だが空は対象ではない。ただの虚空、空間であり、その中にいろんな対象が存在する。空それ自体は純粋な空虚だ。この純粋な空虚を見る。だからこそスートラは「雲の向こうの」と言うのだ、なぜなら雲は空ではないからだ。雲は空の中に浮かぶ対象だ。

するとなにが起こるか。空虚の中には、感覚によって捕まえられる対象がない。捕まえるような対象、しがみつくような対象がない。だから感覚は無用のものとなる。そしてなにも考えずに青い空に見入っていたら、突然あなたは気づく——「すべては消え失せてしまった、もうなにもない」。その消失の中で、あなたは自分自身に気づく。この空虚に見入ると、あなたは空になる。

なぜか。それは目が鏡のようなものだからだ。前にあるものはなんでも映し出される。私があなたを見る、あなたは悲しげだ——すると悲しさが突如として私の中に入る。悲しんでいる人間が部屋に入って来ると自分もまた悲しくなる。それはいったいどういうことか。悲しみが目に入ったのだ。あなたは鏡のようなものだから、その悲しみが内側で反射される。

誰かが心から笑っている、すると突然、自分にも笑いが現れる。笑いには伝染性がある。

もし空虚に見入れば、もはや映し出されるものはなにもない。あるいは、ただ青い無限の空だけだ。もしそれが映し出されたら、もし内側に青い無限の空を感じたら、あなたは静かになる。あなたは静寂を見い出す。そしてもし真に空虚を思い描くことができたら、つまり空や青といったすべてが消え失せ、ただ空虚だけを思い描くことができたら、内側でも空虚が映し出される。空虚の中で、いったいあなたはなにを悩むのか。どんな緊張があるのか。

空虚の中で、マインドはどうして機能できるだろう。マインドは止まる。消え去る。このマインドが消え去るとき——緊張し、悩み、あれこれの想念でいっぱいのマインド、そのマインドが消え去るとき、

静寂が——。

もうひとつ付け加えよう。空虚が内側に映し出されると、無欲になる。欲望は緊張だ。欲望によってあなたは悩む。美しい女性を見る、すると突然の欲望が生じる。美しい家を見る、すると所有したくなる。すばらしい車が横を通り過ぎる、するとそれに乗りたくなる、運転したくなる。欲望が現れ、その欲望によってマインドは悩む——「どうやって手に入れよう。どうすればいいか」。マインドはいらいらしたり、望みを失ったり、また望みを持ったりする。だがそれはすべて夢を見ているようなものだ。いろんなことが起こる。欲望があると、あなたは穏やかでなくなる。欲望は狂気の種子だ。

だが空虚は対象物ではない。空虚はあくまでも空虚だ。空虚を見ても欲望は生じない。生じるはずがない。誰も空虚を手に入れたいとは思わない、空虚を愛したいとは思わない、空虚で家を建てたいとは思わない。空虚が相手ではどうしようもない。マインドの動きはすべて停止する。なんの欲望も生じない。欲望が生じないことによって、

静寂が——。

あなたは沈黙し、静かになる。突然の平安が内側で爆発する。あなたはもう空のようになっている。

もうひとつ。あなたがなにかを追求すると、あなたはそれに似てくる——あなたはそれになる。なぜならマインドは無限の形態を取るからだ。あなたがなにを求めようと、マインドはその形態を取る。あなたはそれになる。だからこそ、富や、黄金や、金を追い求めている人のマインドは、まさに財物以外の何物でもなくなる。ちょっと揺すってごらん、その内側に感じられるのは金銭だ。金銭の音よりほかにない。なにを求めようが、あなたはその求めるものになる。だからあくまでも、自分の求めているものに意識的であることだ。あなたはそれになろうとしている。

空はもっとも空虚なものだ。あなたのすぐそばにあるし、まったく無料だ。べつに探しに出かけるまでもない——ヒマラヤとかチベットへ……。すべては破壊されてしまった、科学技術によってすべては破壊されてしまった。だが空はまだそこにある。だからそれを使えばいい。破壊される前に使うのだ。いつ破壊されるかわからない。空を見て、その中に深くわけ入る。だが思考とともに見てはいけない。そこが肝心だ。そうすれば内側にきっと同じ空、同じ次元、同じ空間、青さ、空虚が感じられるだろう。だからこそシヴァは「ただ」と言うのだ。

■Book of Serets, Osho

なにを求めようが、あなたはその求めるものになる。だから
あくまでも、自分の求めているものに意識的であることだ。
あなたはそれになろうとしている。

ただ深い平和の内に。それが人類を救う唯一の可能なことだ。

i f u l　E a r t h

この世界は様々な名のもとに、政治家に苦しめられている。いろいろな名目で搾取されている。この搾取から逃れる唯一の方法は、できるだけ多くの人に瞑想を広めることだ——なぜなら、瞑想者はだまされることはないからだ。彼は成熟して知性を備えている。言葉で欺くことはできない。

　そしてもし、世界の大部分の人が瞑想的になったら、平和、愛、慈悲の大いなるエネルギーが放たれるだろう……私にとってはそれが、第三次世界大戦を防ぐ唯一の可能なことだ。なぜなら瞑想者は争いを拒み、暴力を拒むからだ。それがアメリカ人かロシア人かインド人かは関係ない。瞑想の質は同じだ。瞑想はあなたをとても繊細にするので、破壊的にはなれない。

　そして、もし世界中がただ争いを拒み、そして政治家達がまだ争いに興味があるなら、彼らはレスリングやボクシングの試合をすればいい。そうしたら、瞑想者もそれをとても楽しむだろう。そして世界は、この愚か者達によって破壊されることはないだろう。

私は平和主義者ではない。あなたに、モスクワやホワイトハウスやどこかへ行って抗議デモを続けろとは言わない。そういう抗議デモは、数々行なわれてきた——それは何も変えることはない。私はあなたに平和に満ちあふれていてほしい——平和主義者ではなく、ただ深い平和の内に。それが人類を救う唯一の可能なことだ。

　そして、もし第三次世界大戦を回避できたら、あらゆる扉が開かれる。国家は必要なくなる……国家の必要性とは何か。私にはわからない。戦争があるから国家が必要になる。それは悪循環だ。国家があるから戦争が必要になる。もし戦争が必要なくなれば、境界線も必要なくなる。

# 美しい地球

そうしたら、なぜアメリカなのか。なぜ中国なのか。なぜロシアなのか。なぜインドなのか。この地球全体が私達のものだ。そして、もし地球全体がひとつの有機体になれば、飢餓も簡単になくなるだろう。全世界のエネルギーの、そして所得の七十五%が、ますます精巧な原子爆弾を作ることで、死への奉仕のために使われている。もし世界がひとつなら、このすべてのエネルギーは創造的に使うことが可能だ。その仕事に携わるすべての科学者は、自分達の仕事全体の方向を転換できる。そしてこの七十五%のエネルギーと所得を、人々のために使えるようになるだろう。

どんなエチオピアもそうなる必要はない——毎日何千もの人々が死んでいくような、そんな必要はない。インドが栄養失調のままでいる必要はない。五十%の人々——それは大変な数だ。四百万人が、一日に一度しか食事をしていない。まもなくあと何ヶ月かで、インドもエチオピアのようになるだろう。

しかし、もし世界がひとつで、戦争がもはや必要でなくなれば、戦争に注がれていたエネルギーすべてが貧困をなくすために注がれ、人々が心地よく贅沢に暮らすために放たれるだろう。

　唯一瞑想だけが、その革命をもたらすことができる。他の革命はすべて失敗に終わった。

■ Boundage to Freedom,Osho

私はあなたに平和に満ちあふれていてほしい——平和主義者ではなく、

This Beaut

RULES AND EXCEPTIONS

# 規則と例外

**例**外は、決して法則の根拠としてはならない。

もし全てが同じ規則に従っていたら、人生はいかに単純で、つまらないものになるでしょう。
普遍的な真理には例外というものはありません。

**愛**は必ず応えられるものだ。一度あなたのハートが愛に泣いたら、愛に流れたら、全体からの反応が生まれる。それは根源的な法則だ。そこに例外はない。

ptions

**機**械はどんな例外も起こさずに、完璧に機能する。機械には心がないのだから、例外はあり得ない。それは単純に、同じパターンで動き続ける。退屈などしない。ちょっと気ばらしに、今までやってきたのとは違うことをしようなど思うこともない。
機械には心がない。だからこそ完璧なのだ。
だが生命体は、生き物は完璧にはなれない。それは自由に行動ができる。もし特定のルールに従う場合、それは選択したからだ。やめることもできるし、逆方向へ行くこともできる。

**ス**ピリチュアリティは、あなたの個人性と独自性を認める。物理世界には例外はない。そこには意識も自由もないからだ。

KISOKU TO REIGAI

もし自分を愛せなくなったら、誰も愛せなくなるだろう。それは絶対的な真実であり、例外はない。人は自分を愛せるようになって、初めて他者を愛せるようになる。

物理学がどれほど精妙なものになっても、それでもその法則に例外はない。科学が自由なるものに出くわす可能性があるとは、私には思えない。そこにはいつも、例外を許さない法則があるだろう。新しい法則、別の法則、より複雑で、より理解しがたい、より解明しがたい法則があるだろう。だが、ひとつだけ変わることはないのは、どこにも例外がないということだ。内なる世界でも同じだ。ひとつだけ確かなことがある。それは内なる世界では、あらゆることが例外だということだ。

欲望が苦悩をもたらす。
成功しようとしまいと、
欲望は苦悩をもたらす。
だが自分にとっては
違うかもしれないと期待して
あなたは欲望し続ける。
覚えておきなさい。
生はどんな例外も認めない。
その法則は普遍的に当てはまる。

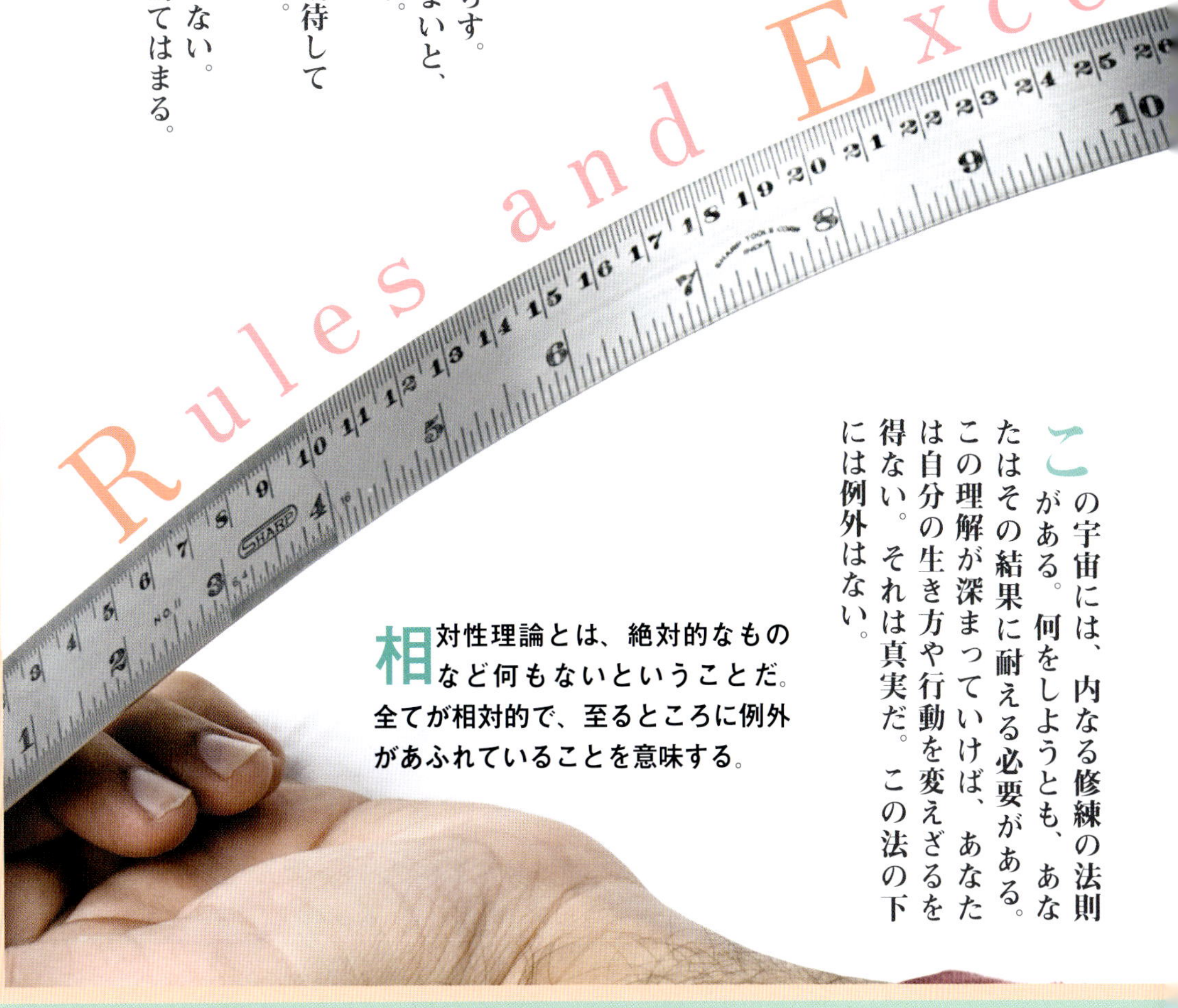


この宇宙には、内なる修練の法則がある。何をしようとも、あなたはその結果に耐える必要がある。この理解が深まっていけば、あなたは自分の生き方や行動を変えざるを得ない。それは真実だ。この法の下には例外はない。

相対性理論とは、絶対的なものなど何もないということだ。全てが相対的で、至るところに例外があふれていることを意味する。

# 職場での付き合い

# Relating at Work

今回は、職場で起こる非常に基本的な問題を考えます。他の人と衝突する時、私達には何ができるでしょうか？私達は、仕事が順調に行っていると感じる時もあり、そう感じない時もあります。どうしたら、仕事を瞑想に変えることができるでしょうか？

**Q** 私は仕事中に多くの人と衝突します。時々それはとても馬鹿げています。自分が、多くの否定性をもたらしていると感じる何日間かがあります。他の人たちが私に悪い反応を示すと、私は簡単に傷ついてしまうのです。

あなたはネガティブになり始め、彼らが反応し、そしてあなたは傷つくのかね？ネガティブであることのプロセスをスタートさせているのは、自分のように思える……のかね？

あなたは鋭い洞察をしている。それなら、それを落とすことができる。問題は何もない。彼らがそれを始めるのだとあなたが思っていたら、それを落とすのはとても難しい。それならあなたができることは何もない。それ——他に責任を負わせること——は、誰もがやり続けていることだ。彼らが止めるかどうかは彼ら次第なので、あなたは無力だ。しかしあなたの洞察は完全に正しい。あなたは誠実だ。自分がそれを始め、彼らが反応し、あなたが痛みを感じるのだと理解した。

ただ、あなたの否定性はあなたの否定性だということを理解しなさい。彼らが犠牲者であってはならない。それを生み出すのは決して彼らではない。彼らにイライラを発散させるべきではない。彼らは無実で、あなたに何もしていないからだ。だから、彼らが反応するとあなたが痛むのだ。痛むのは彼らが反応するからではなく、あなたがプロセスをスタートさせたからだ。花のシャワーを浴びたかったら、人々に花を贈りなさい。虐待されたかったら、人々を虐待しなさい。彼らは常に同じものを返してよこす。これは生の法則だ。

仕事の同僚は、あなたの内側の生に全く関心がないことを、わきまえておくことだ。それはあなたの仕事だ。彼らには、彼ら自身で解決すべき内側の生がある。彼らには、彼らの否定的な気分があり、ちょうどあなたが持っているような個人的な問題、心配事がある。しかし、誰かと共に働いている時に、それを持ち込む必要はない。もし彼らの否定性のすべてを持ちこみ始め、あなたの否定性のすべても持ちこみ始めたら、それはきりがない。単に理解することだ。

もしネガティブだと感じているなら、何かをしなさい。たとえば非常に否定的なメモを書き、それを燃やしなさい。枕を打ったり投げつけたりしなさい。ぶざまに踊りなさい！

　あなたは解決しなければならない。それはあなたの問題だ。それを他の人々に投げかけたら、複雑になる。溶解するよりもむしろ、より複雑になる。彼らが反応し、そしてあなたが反応し、それには終わりがない。それは無限に続く。あなた方は共に傷をたずさえ、再び爆発する用意ができている。

他の人々を、あなたから守る必要があるのだ。あなたは愛を注ぐことができる。それができないなら、少なくとも礼儀正しくしなさい。それさえできないなら、少なくともネガティブになってはいけない。あなたの否定性は、あなた自身で解決しなければならない。

**花のシャワーを浴びたかったら、人々に花を贈りなさい。虐待されたかったら、人々を虐待しなさい。彼らは常に同じものを返してよこす。これは生の法則だ。**

時々、あなたと一緒に働いている人には誰にでも話しかけ、あなたが彼らに否定的だったかどうか、彼らが傷ついていると感じていないかどうかを尋ねることはいいことだ。自分が否定的だったかどうかが、わからない時があるからだ。とても些細なジェスチャー、ちょっとした言葉、単なる沈黙さえも傷つけることがある。あなたの目つきが傷つけることもある。だから時々彼らに話しかけ、彼らの許しを請いなさい。彼らに「あなたに尋ねる時は、いつでも真実を話してください。ただ教えてください。私は人間です。時々、物事が私のせいでうまく行かなくなる時もあるでしょう。私は過ちを正すつもりです」と言いなさい。

あなたの個人的な問題に対処しなさい。私にはあなたの問題がそこにあるのがわかるが、それは消えるだろう。何も心配することはない。しかしこの考え方に従うことだ。誰もあなたの否定性のために苦しんではならない。さもなければ、あなたの仕事は一種の衝突になり、それは非常に重荷になるだろう。

　そして、あなたの恋愛にいま何が起こっているのかね？　問題が起こるのは、いつも愛の周辺のどこかなのだ。

■ Believing the Impossible Before Breakfast, Osho

**Q** 私生活か仕事かに関わらず、私にはすべての関係において同じ苦労があります。私は何を逃しているのでしょうか?

愛とは、他の人々と共にいる方法を意味する。瞑想とは、自分自身と共にいる方法を意味する。両方は同じコインの二つの面だ。自分自身と共にいる方法を知らない人は、ほんとうの意味で他の人々と関われない。その人の

関係は、不器用で無作法で見苦しく、行き当たりばったりで妙なものになる。ある時にはすべてがうまく行っているが、次の瞬間にはすべてが失われてしまう。それは常に上下している。それが深みをもつことはない。確かにそれは気晴らしを与えるだろうが、その中にはどんなメロディーもない。そしてそれは存在の高みにまで、あるいは実存の深みにまであなたを連れて行くことはできない。そして逆もまた同様だ。他の人々と共にいたり、関わったりできない人は、自分自身と関わるのが非常に難しいのがわかるだろう。なぜなら、関わる方法は同じだからだ。他の人々と関わるか、自分自身と関わるかには大きな違いはない。その方法は同じだ。

これらの方法を、両方一緒に同時に学ぶことだ。それらは不可決だ。無意識にではなく、非常に意識的に、人々と共に在りなさい。まるで歌を歌っているかのように、まるでフルートを吹いているかのように、人々と関わりなさい。それぞれの人を楽器だと思いなさい。敬意と愛

をもって崇拝しなさい。それぞれの人は、神の隠された顔だからだ。

だから非常に注意深くなり、ゆきとどいた気配りを持ちなさい。あなたの言うことを心にとどめ、あなたのすることを心にとどめなさい。関係を破壊するのは些細な事柄であり、関係をとても美しくするものも些細な事柄だ。時々、ただ微笑みなさい。そうすれば、他の人のハートはあなたに向かって開かれる。時にあなたの目つきが悪ければ、他の人のハートは閉じてしまう。それは繊細な現象だ。

他の人々との関係を鏡にすることだ。あなたが何をしているか、あなたがそれをどのようにしているか、何が起こっているのかを見なさい。他の人々に何が起こっているのだろうか。あなたは彼らに、地獄を作り出してはいないかね? そうであれば引き下がり、あなたのやり方を変えなさい。あなた自身の周りの生

を美しくしなさい。すべての人に、あなたと出会うことは贈りものだと感じさせなさい。ただあなたと一緒にいると、何かが流れて成長し始め、ハートに何かの歌が起こり始め、何かの花が開き始めると感じさせなさい。

そしてあなたがひとりの時、全く静かに全く沈黙して座り、あなた自身を見つめなさい。あなたの呼吸を見つめ、あなたの思考を見つめ、あなたの記憶を見つめなさい。干渉せ

ずに、あなた全体でもって、あなた自身を見つめなさい。ただ見つめるのだ。すると——呼吸を見つめ、思考を見つめ、記憶を見つめていると——徐々に素晴らしい気づきが爆発する。内側に光が満ち溢れる。それは瞑想のアートだ。

両方を覚えておきなさい。ちょうど鳥が二つの翼を持っているように、愛と瞑想をあなたの二つの翼にしなさい。二つを同時に起こらせなさい。そうすれば、どんな形であれ、それらが衝突することはなく、互いを育て合い、互いを養い合い、互いを助け合う。

■ The Rainbow Bridge, Osho

Q 自分がエネルギーに満ちていると感じ、仕事が自然に円滑に流れていることが時々あります。常にこのように仕事をするには、どうしたらいいでしょうか？

エネルギーが流れ、あなたが流れていると感じる時にはそれと共に流れ、あなたの毎日の決まった仕事を続けなさい。何も特別なことをする必要はない。

エネルギーが流れている時、あなたの毎日の決まった仕事は異なる意味を持つ。あなたは庭仕事をしているかもしれない。すると木々の緑は、かつてないほど鮮やかに見えるだろう。なぜなら、あなたの目がエネルギーに満ちているからだ。実のところ、生の中にありきたりなものは何もない。あらゆるものにはとてつもない価値がある。だが私達は、単にそれを見る目を持っていないのだ。

そして現在、科学者たちは、私たちが情報の二パーセントしかマインドに到達させていないと言っている。九十八パーセントはブロックされている。だからあなたがエネルギーに満ちている時には、突然それが爆発する。検閲官はいない。あなたの目は見るべきものを見、あなたの耳は聞くべきものを聞く。あなたの手は触れるべきものに触れる。あなたの感覚に見張りはいない。そしてすべてが流れ入り、流れ出ている。

その瞬間には、単にそれを楽しみなさい。このような瞬間は稀だ。あなたがその瞬間を楽しむなら、そのような瞬間はますます頻繁にやってくる。しかし、それをどんな有用性にもつなげようとしてはならない。究極のエネルギーには、どんな実用的な目的もない。それはお祝いだ。それは意味を持たない——無目的な、完全に無目的な喜びだ。それはまさしく喜び、純粋な喜び、本質的な喜びだ。

次にそれが起こる時には、単にその瞬間を楽しみなさい。その瞬間が去る時には、切望してはならない。その瞬間は自然にやって来て、自然に去っていく。あなたが強いることはできない。単にアクセス可能な状態でありなさい。そうすれば、その喜びがやって来る時には、あなたに受け入れる準備ができていることが、喜びのほうにもわかるだろう。ただ迎え入れる姿勢を整えておきなさい。それがすべてだ。それがやって来る時には、感謝し楽しみなさい。それが去る時には、ありがとうと感謝し、忘れなさい。

■ A Rose is a Rose is a Rose, Osho

Q 私はパン屋として働いており、私の仕事が大好きです。どうしたらクッキングと瞑想を統合できるでしょうか？

仕事を瞑想に変えることができるなら、それは最高だ。その時には、瞑想は決してあなたの生と衝突しない。あなたがすることは何でも瞑想的になる。瞑想は独立してあるものではない。それは生の一部だ。それはまさしく呼吸に似ている。ちょうど、息を吸ったり吐いたりするようにあなたは瞑想する。

それは単なる重点の移動だ。大したことをする必要はない。不注意にしていたことを、注意深くやり始めなさい。何かの結果のためにしていたこと、たとえばお金のためにしていたこと……それはオーケーだが、あなたはそれをポジティブな現象に変えることができる。お金に問題はない。パンを焼いてお金になるなら、それは良いことだ。人にはお金が必要だ。しかしそれがすべてではない。そのすぐそばで、より多くの喜びを得られるなら、なぜそれを逃すのかね？　それにはお金がかからない。

仕事が大好きかどうかに関係なく、あなたはそれをするだろう。だからそれに愛をもたらせば、逃すであろうもっと多くのものを得るだろう。それはポジティブなものだ。そして、どれほどのものを得るかはあなた次第だ。

パンを焼くようなささやかな仕事が、途方もない喜びになれる。食べ物と愛は、非常に深く結びついているからだ。愛は食べ物であり、食べ物は象徴的な愛だ。赤ちゃんが人生をスタートさせる時、食べ物と愛は一緒に始まる。愛も食べ物も母親の同じ胸から流れてくる。実際、それらを分けることは非常に難しい。そして子どもは愛を食べ物として、食べ物を愛として認識する。

だから世界中で、愛する人がいる時は、いつもその人を食事に招待したいと思うのだ。それが愛の表現だからだ。もてなす人は母親になる。もてなす男性は母親らしくなる。食物を通して人々のハートに近づくのは、とても簡単だ。

ビジネスに携わる人々は、それを心得ている。だからビジネスランチがあるのだ。あなたが人を食事に招待する時、その人を納得させるのは簡単だ。何かを売るのは簡単だ。とても簡単だ。物事は容易に起こる。彼はもはや防御的ではない。彼はもはや議論好きではない。一種の感情的な親密さがある。まさしくその食事が、母親を思い出させるからだ。彼は無意識のうちに、より無垢で、より無防備な小さな赤ん坊になる。

女性があなたを愛している時、彼女はあなたのために、大変な心配りをして食事を準備する。そしてその食事には、スピリチュアルな価値がある。愛を込めて準備された食事と、不注意に準備された食事を区別することは、科学的には不可能かもしれない。しかし霊的には区別がある。愛を込めて準備された食物を食べている時には、あなたはあなたと食物との間に特定のリズム、親密な関係があるのを感じる。それは何となくあなたと一つになる。それは容易に溶解しあなたと同調する。それはあなたの身体になじんでいく。不注意に準備された食物には、温かみがない。それを吸収するには、より長い時間がかかる。そして、怒り、憎しみ、嫉妬をもって準備された食物には、すでに毒性がもたらされている。

一つのことをしなさい。あなたが準備しているどんな食物であれ――ケーキであれ何であれ――深い愛を込めて準備しなさい。お金は二次的なものだ。それはいずれにせよ入ってくる。それは全く問題ではない。あなたが深い愛を込めて食物を作ることができるなら素晴らしい。だから、それを瞑想にしなさい。

■ Dance Your Way to God, Osho

OSHOの辛口箴言《しんげん》シリーズ

# Chillies

◆◆◆◆目覚めのスパイス

## 崇拝は覚者を殺す

覚者は世界で最も危険な人物だ。
だから世界は
覚者を殺すか、崇拝するかのどちらかなのだ。
それは同じことだ。
殺すのは彼らを取り除くひとつの方法だ。
そして崇拝することもまた、
覚者を取り除く方法のひとつなのだ。

■ The Rebellious Spirit, OSHO

# Intimasy

**誰もが親密さを必要としているのに、**
**誰もがそれを拒絶します。**
**なぜでしょう？**

# 親密さ

誰もが親密さを恐れている。あなたがそれに気づいているかどうかは、別の話だ。親密さとは、他人の前で自分をさらけ出すということだ。私たちは皆、他人同士だ。誰も他人のことは知らない。そして私たちは、自分自身のことさえ知らない。というのも、自分が誰かすら知らないのだから。

親密さは、あなたを他人へ近づける。あなたは、全ての防御を落とさなくてはならない。そうして初めて、親密さが可能となる。その恐怖は、もしすべての防御や仮面を落としてしまったら、相手が何をするか、わかったものではないからだ。

その一方で、親密さは必要不可欠なので、誰もがそれを渇望している。だが、人は相手に親密になってもらいたがっている。相手には防御を落として傷つきやすくなることを、あらゆる傷を開いて、全ての仮面と偽の人格を落とすことを、裸のままでいることを望んでいる。

あなたがシンプルで自然な生を生きていたなら、親密さに恐怖を抱くことはない。それは二つの炎が、まるで一つになるほど近づくことの大いなる喜びだ。その出会いは人を途方もなく喜ばせ、満ち足りて充足させるものだ。けれど、親密になる前に、あなたは自分の家をすっかり掃除する必要がある。

瞑想の人だけが、親密さを許すことができる。親密さとは、ただハートの扉があなたに対して開かれているということだ。あなたは、客人として立ち寄ることを歓迎されている。だがそれも、ハートが抑圧された性欲で悪臭を放たず、どんな倒錯にも沸き立っていないときにのみ起こる。木々のように自然で、子供のように無垢なときにだけ起こる。すると、そこに恐れはない。

くつろいで、社会があなたの中に作り出した分裂を壊しなさい。あなたが本当に思っていることだけを、口にしなさい。あなた自身の自発性からだけ、行動しなさい。決して結果を気にかけることはない。ささやかな人生だ。後先のことを考えることで、無駄にしないように。

親密さによって、愛によって、多くの人たちに自分を開くことで、あなたはより豊かになっていく。そして、もしあなたが多くの人たちと深い愛の中に、友情の中に、親密さの中に生きることができるなら、どこへ行ってもちゃんと生きられる。あなたは要領を得たのだ。どこにいても幸せに生きられるだろう。

だが、親密さを恐れなくなるより前に、宗教があなたに吹き込んできたすべてのごみを、数世紀を経て手渡されてきたガラクタを、すっかり掃除しなくてはならない。それらすべてを片付けて安らぎ、静けさ、喜び、歌とダンスの生を生きなさい。するとあなたは変容するだろう。どこにいても、そこが楽園となる。

あなたの愛を、真に祝祭に満ちたものにしなさい。当て逃げのようなものにしてはならない。歌い、踊り、音楽をかけなさい。セックスを知的なものにしないように。知的なセックスは本物ではない。セックスは自発的なものであるべきだ。

場所を整えなさい。寝室は寺院のように、聖なる場所であるべきだ。寝室では歌い、踊り、遊ぶほかには何もしてはならない。そしてもし、愛が自然発生的なものとしてひとりでに起こったなら、あなたは生理現象が瞑想の一瞥をくれることに驚くだろう。

男女の関係には、大きな革命が待ちかまえている。世界中の先進国で、愛し方を教える研究所が発展している。動物でさえ愛し方を知っているのに、人間がそれを習う必要があるとは不幸なことだ。それらの教えによれば、基本的なことは前戯と後戯だ。それにより、愛はこの上なく神聖なものとなる。

たとえ、男が取り乱して裸で部屋から逃げ出したとしても、何の害がある？　扉を閉めなさい！　そして近所中に、この男は狂っているのだと告げなさい。けれど、あなたがオーガズミックな経験をする可能性を抑えることはない。オーガズミックな経験とは、融合し溶け合って、エゴを、マインドを、時間を失う体験のことだ。

それが、人がおののきながら生きている理由だ。隠し、ごまかし、誰にも見せないようにしているかもしれないが、人は恐怖の中に生きている。だから人は、誰かと親密になることを恐れているのだ。それは、もし誰かをあまりにも親しく近づけてしまったら、あなたの中のブラック・ホールを見られてしまうかもしれないという恐怖だ。

親密さという言葉は、ラテン語の *intimum* から来ている。それはあなたの内面性、最奥の核を意味する。そこに何かを持たない限り、誰とも親密になることはできない。あなたは *intimum* を、親密さを許せない。なぜなら、そこに穴や傷があって、膿が流れていることを相手が見てしまうからだ。自分が何者かわからないということを、知られてしまうからだ。あなたが狂っていることを、どこへ向かっているかも分からず、自分でも自分の歌を聴いたことなどなく、人生がコスモス（秩序）ではなくカオス（混沌）だということを、知られてしまうからだ。それゆえの親密さへの恐怖だ。

恋人たちでさえ、めったに親密にならない。ただ誰かと性的関係を持つことが、親密になることではない。親密さにおいては、局部のオーガズムばかりがあるわけではない。それはその表面にあるだけだ。親密さにはそれがあってもなくてもかまわない。

■ The Hidden Splendor, Osho

# 未来は変化を愛する人々に委ねられる

人類は、家族が歴史上最も犯罪的な制度だといまだに気づいていない。なぜなら家族制度では、子供の成長のための場所はとても限定されているからだ。夫、妻、子供——とても小さな場所だ。そして子供は、父親や母親に頼ることを学ぶ。両親の習慣を学び、宗教を学び、すべてのことを両親から学ぶ。その子の学びはとても直線的だ。その学びでは彼は豊かにならない。

## Who Will Love Change

その子供がもし少年なら、自分の母親を愛して父親を憎む。もし少女なら、自分の父親を愛して母親を憎む。母親はほとんど競争相手に等しい。あなたは小さな少女が、無邪気に父親とたわむれるのをよく見かけるだろう。それはただ自然な在り方だ。それは人間だけに当てはまる。

　もし家族がコミューンに入ってそこに溶け込むなら、子供達はとてつもなく広大な視野を持つだろう。たくさんの叔父、たくさんの叔母。どの女性も異なり、どの男性も異なる。そして子供は、みんなから学ぶ機会を得るだろう。

愛を与えるのはいいが、子供を所有してはいけない。できるだけたくさんの人々と関わる自由を、与えることだ。どの男性も、完全に満足できる女性に出会ったことがないというのが、心理学者にとっての最大の問題のひとつだ。女性も、自分におあつらえ向きの男性に出会ったことがない。そのコートは、常にゆるいか、きつすぎるかだ。なぜなら、あなたのためにあつらえたのではないからだ。

家族の中で育った少年は、無意識のうちにずっと母親に条件付けされ続ける。その無意識には、母親のイメージがあまりにも深く印象付けされているので、彼はまさに自分の母親のような女性を、生涯探し続けようとするだろう。しかしそれは不可能だ——存在は繰り返さない。だから恋に落ちるときはいつでも、彼はその女性の、自分の母親に似ている部分に惹かれる。しかしそれは、その女性の一部分だ。それで恋愛中にはすべてがうまくいく。あなたの中の何かが少女の父親に似ていて、その少女の中の何かが、あなたの母親に似ているからだ。それは良い——海辺で、庭で——あなた方は二人ともベストを尽くす。

## The Future Belongs to Those

しかし、あなた方が結婚して二十四時間ずっと一緒に暮らすことになると、事はちょっと面倒になる。なぜなら、自分のすべてが恋に落ちた部分だけだというふりなどできないからだ。全体ははるかに大きい。そして全体がその全容を現わし始めると――それは二人のどちらからも現れる――女性の方はこんな人だとは知らなかった、この人がこうなるとは思いもよらなかったと戸惑う。男性は想像もしなかった。この女性が毎晩癇癪を起こして枕を投げては叫び、近所の人達がやって来て、しかも自分の方が正しくても謝らなければならない、さもなければ彼女は延々と叫んで、泣き続けるだろうということなど――。あなたはこんなことが起ころうとは、考えたこともなかった。海辺では、彼女はこんな風に振る舞ったことはなかった。

完璧に合うカップルなど、世界中どこにもいない。それは家族が原因だ。もし子供がコミューンで育ったら、その子は固定したイメージを持たないだろう。そこで彼はたくさんの女性を知った。ある時は一人の叔母と眠り、別の日は別の叔母と眠る。彼は時には自分の母親にも会い、時には自分の父親にも会う。そうでなくても、たくさんの叔父がみんな彼を愛している。彼には決して特定の考えが染み付いていない。女性性というものについて、彼はとても漠然とした感じを持っている。ある特定の女性についてではなく。同じことが少女についても言える。男であるとはどういうことかについて、ある考えを持っているが、それは固定していない。

彼らは、自分の人生で失望することはないだろう。なぜならより柔軟になり、より臨機応変になり、これから起こる新しい現実にも、対処できるようになるからだ。彼らはあまりにたくさんの人を見ているので、人はそれぞれ違うのだと知っている。そして比較する姿を持っていない。彼らはより愛することができる。他人の違った部分さえも、受け入れることができる。そして決して、両親に腹をたてることはないだろう。

そうでない少年は、みんな自分の父親に腹をたて続けている。なぜなら、父親こそが自分の母親と愛を交わしたその人だからだ。彼は邪魔者だった――彼がいなければ自分が恋人になれたのに。それが少年の望んだことだった。しかし父親はいつもそこにいて、しかも自分よりも強くて大きくて、力があった。だから彼は自分を抑えなければならなかった。

少女はみな母親を許さない。母親はいつも自分のまわりにいるからだ。そして少女が成長して年頃になると、母親は父親が少女に必要以上に興味を持っていないか、少女が父親に必要以上に興味を持っていないかを四六時中見張っている。そして二人の間を引き裂き、その間に壁を作り続ける。少女にはわかっている――赦すことはできないと。彼女は怒り続けるだろう。

コミューンでは、子供は父親や母親にどんな怒りも感じないだろう。実際、コミューンはそれだけですでにひとつの世界なので、彼の経験の豊かさはとてつもなく広がるだろう。子供にとって五千人は、いろいろな経験をするには充分だ。この経験と共に、世界に足を踏み入れるだろう。彼には「父なる神」は必要ない。神父や父は必要ない。彼は充分に自立しているだろう。なぜなら父親や母親に頼ったことはないからだ。誰にも頼ったことがない。コミューンに属していたということは、自立していたということだ。彼は自由の中で、充分に慈しまれ育てられてきた。

そして、それこそが新人類なのだ。

■ The Last Testament, Osho

# Jkes 笑いの道

**瞑想者がときおりリラックスするのは全くオーケーだ。噂話、冗談、笑い。それは彼らの瞑想には反しない。それは途方もなく役立つ。それはあなたの深刻さを取り去り、あなたに無垢、単純さ、くつろぎを取り戻してくれる。それはあなたがより深い瞑想の領域に戻っていくのを助ける。**

■OSHO

二匹の雌猫がくだらない噂話をしていた。一方が言った。「あんたの最後の子猫の父親は誰なの?」。

もう一方が答えた。「河の土手から来たすばらしい赤毛の雄猫よ。あなたのは?」

「誰だったかわからないわ——そのとき私はイワシの缶詰に頭を突っ込んでいたから」

日曜学校で、司祭が利他主義と寛大さの美しさを褒め称えていた。

ピエリーノが立ち上がって言った。「はい、私の父も言っています。人生では与え与え、そして与えるのだと」

司祭は大変喜んで答えた。

「お父様は敬虔で信心深い方に違いない。そんな人がもっといたらと思いますよ。お父様は何をしていらっしゃるのですか?」

「ボクサーです」

ユダヤ人の軍隊長が売春宿に入り、女主人に進み出て言った。

「私たちと楽しんでもらうのにいくらかかりますか?」

「20ドルですわ」彼女は答えた。

「それはいい!」。彼は窓に向かい、窓を開けて叫んだ。

「諸君、入ってきなさい!」

若い修道女があえぎ、叫びながら修道院にたどり着いた。「修道院長、とてもひどいことが起こりました!」

「何ですか? 娘よ」。修道院長は心配して尋ねた。

「変質者、性的変質者が、私をレイプしたんです!」

「そんなまさか! いつですか、それは?」

「きのう、おととい、そして今日もです!」

ディヴとメイベルがポーチに座っていた。メイベルは言う。

「あなたっていい人ね、ディヴ。私のこと、愛してる? 本当に愛してる?」

「ああ、愛してるよ、メイベル」

「私のために死ねる? ディヴ」

「いいや、メイベル。僕の愛は死ぬことはない愛だからね」

小さな子供が絵入りの自然界の本を読んで、獰猛なライオンの絵にとても興味をそそられた。彼はそこに書かれたことはすべて読んだが、ひとつの疑問が残ったので母に聞いた。

「ママ、ライオンの性生活ってどんなの?」。

母は言った。「私はライオンについてはよく知らないのよ、ぼうや。なぜってパパの友達は皆(ライオンズクラブではなく)ロータリークラブの会員だから」

若きバーリングトン・スミスは、天国の真珠の門にたどり着いた。聖ピーターは彼を歓迎し、天国での社交生活について話した。「私たちはここで多くのスポーツをしますよ、君」。聖ピーターは言った。「月曜日と木曜日はポロ、火曜日と金曜日はクリケットですよ」

若い男は答えた。「実は、私はスポーツはあまりしないのです」

聖ピーターは提案した。「それなら多分、水曜の夜のディナーを楽しめるでしょう。ごちそうが出て、ポートワインが何度か回されます。あなたも本当にくつろぎますよ！」

若い男は答えた。

「実は、酒はたしなまないのです」

「おお！」。ピーターはしばらく沈黙して提案した。「それでは土曜の夜がいいでしょう。この辺の若い女性が、たくさんダンスにやってきます。多くのハプニングもありますよ。私の言う意味がおわかりでしょうな！」

「実は私は若い女性と一緒にいるのも、あまり好きではないのです」

若い男は再び言った。

長い沈黙の後、聖ピーターは尋ねた。「ところでバーリングトン・スミスさん、あなたはホモセクシャルでは？」

「とんでもありません！」

「残念だなあ、日曜の夜も楽しめないとは！」

ある男が金曜の夜、近所のパブに飲みにやってきた。彼がドアを開けようとしたそのとき、一人の尼僧が陰から飛び込んできて熱烈に言った。

「息子よ、手遅れにならないうちにやめなさい！　このパブは悪魔の家です！　罪を悔い改め、忌々しい酒をやめなさい！」。

男はある考えがひらめき、いたずらっぽく尼僧に言った。「あなたが経験したこともないのに、どうやってそれを非難できるのです？　酒を飲んだことはありますか？　酒は健康にも良く、多くの好ましい性質があると感じたことはありますか？」

「あるわけないでしょう！　私は尼なんですから！」

こんこんと話した末、男は尼僧に少し試してみることを説得した。

「でも、待って。この服装では目立つわ。この古い陶器のカップに持ってきてくれない？」

そこで男はパブに入り、バーテンダーに言った。「こんばんは、ジム。おすすめのドリンクを一杯、そしてこのカップにはジントニックをなみなみと頼むよ」

「ちくしょう！」。バーテンダーが叫んだ。「またあの外でうろつく年寄りの尼か？」

出張中のセールスマンが悪天候のため田舎で立ち往生し、農家の息子と同じ寝室に、泊めてもらうことになった。夜がふけて二人とも部屋に下がると、その少年はベッドの脇にひざまずき、顔を組んだ手にうずめ、祈りの態勢をとった。

セールスマンは「そして小さな子供が彼らを導くであろう」というフレーズを思いだした。彼は何カ月も祈りの言葉を言っていないので気恥ずかしくなり、ベッドの反対側でひざまずいた。少年は顔を上げて尋ねた。「あなたは何をしていらっしゃるんですか？」。

彼は答えた。「君と同じことさ」

「ああ、ママが怒るでしょう。寝室用の便器はこちら側ですから」

# 日本各地の主なOSHO瞑想センター

OSHOに関する情報をさらに知りたい方、実際に瞑想を体験してみたい方は、お近くのOSHO瞑想センターにお問い合わせ下さい。

参考までに、各地の主なOSHO瞑想センターを記載しました。なお、活動内容は各センターによって異なりますので、詳しいことは直接お確かめ下さい。

＜東京＞

OSHOサクシン瞑想センター　Tel & Fax 03-5382-4734
マ・ギャン・パトラ　〒167-0042　東京都杉並区西荻北1-7-19
e-mail osho@sakshin.com　http://www.sakshin.com

OSHOジャパン瞑想センター
マ・デヴァ・アヌパ　Tel 03-3703-0498　Fax 03-3703-6693
〒158-0081　東京都世田谷区深沢5-15-17

＜大阪、兵庫＞

OSHOナンディゴーシャインフォメーションセンター
スワミ・アナンド・ビルー　Tel & Fax 0669-74-6663
〒537-0013　大阪府大阪市東成区大今里南1-2-15 J&Kマンション302

OSHOインスティテュート・フォー・トランスフォーメーション
マ・ジーヴァン・シャンティ、スワミ・サティヤム・アートマラーマ
〒655-0014　兵庫県神戸市垂水区大町2-6-B-143
e-mail j-shanti@titan.ocn.ne.jp　Tel & Fax 078-705-2807

OSHOマイトリー瞑想センター　Tel & Fax 0797-31-5192
スワミ・デヴァ・ヴィジェイ
〒662-0026　兵庫県西宮市獅子ヶ口町1-16 夙川ラムヴィラ104
e-mail ZVQ05763@nifty.ne.jp

OSHOターラ瞑想センター　Tel 090-1226-2461
マ・アトモ・アティモダ
〒662-0018　兵庫県西宮市甲陽園山王町2-46　パインウッド

OSHOインスティテュート・フォー・セイクリッド・ムーヴメンツ・ジャパン
スワミ・アナンド・プラヴァン
〒662-0018　兵庫県西宮市甲陽園山王町2-46　パインウッド
Tel & Fax 0798-73-1143　http://homepage3.nifty.com/MRG/

＜愛知＞

OSHO 庵瞑想センター　Tel & Fax 0565-63-2758
スワミ・サット・プレム　〒 444-2326 愛知県豊田市国谷町柳ヶ入２番
e-mail alto@he.mirai.ne.jp

OSHO 瞑想センター　Tel & Fax 052-702-4128
マ・サンボーディ・ハリマ
〒 465-0058　愛知県名古屋市名東区貴船 2-501 メルローズ 1 号館 301
e-mail: dancingbuddha@majic.odn.ne.jp

OSHO フレグランス瞑想センター　Tel & Fax 052-773-5248
スワミ・ディークシャント、マ・デヴァ・ヨーコ
〒 465-0024　愛知県名古屋市名東区本郷 2-95 南部マンション 301
e-mail: info@osho-fragrance.com http://www.osho-fragrance.com

＜その他＞

OSHO チャンパインフォメーションセンター　Tel & Fax 011-614-7398
マ・プレム・ウシャ　〒 064-0951　北海道札幌市中央区宮の森一条 7-1-10-703
e-mail ushausha@lapis.plala.or.jp
http:www11.plala.or.jp/premusha/champa/index.html

OSHO インフォメーションセンター　Tel & Fax 0263-46-1403
マ・プレム・ソナ　〒 390-0317　長野県松本市洞 665-1
e-mail sona@mub.biglobe.ne.jp

OSHO インフォメーションセンター　Tel & Fax 0761-43-1523
スワミ・デヴァ・スッコ　〒 923-0000　石川県小松市佐美町申 227

OSHO インフォメーションセンター広島　Tel 082-842-5829
スワミ・ナロパ、マ・ブーティ 〒 739-1733　広島県広島市安佐北区口田南 9-7-31
e-mail prembhuti@blue.ocn.ne.jp http://now.ohah.net/goldenflower

OSHO ウツサヴァ・インフォメーションセンター　Tel 0974-62-3814
マ・ニルグーノ　〒 878-0005　大分県竹田市大字挟田 2025
e-mail: light@jp.bigplanet.com　http://homepage1.nifty.com/UTSAVA

＜インド・プネー＞
OSHO インターナショナル・メディテーション・リゾート
Osho International Meditation Resort
17 Koregaon Park Pune 411001 (MS) INDIA
Tel 91-20-4019999 Fax 91-20-4019990
**http://www.osho.com**
e-mail : oshointernational@oshointernational.com

至福が訪れるのは、
あるひとつの方法においてしかない。
それは、より意識的になることだ。
意識的になればなるほど人はさらに至福に満ち、
意識的でなくなればなくなるほど、
いっそうみじめになる。
いったん観照者になることを学べば、
あなたは秘密のアートを知るだろう。

―― OSHO

**◆瞑想キャンプ**（月1回・2泊3日）

**◆ウィークエンド瞑想会**（月1回）

**◆セレブレーション**

**◆各種グループ、座禅　他**

**◆毎日の瞑想**

ダイナミック　7〜8am
クンダリーニ　5:30〜6:30pm
ホワイトローブ　7pm〜（土曜）
夜の瞑想　7〜8pm

- ・ナーダブラーマ
- ・ナタラジ
- ・ヴィパサナ
- ・チャクラサウンド
- ・チャクラブリージング
- ・トラタック
- ・ジベリッシュ
- ・マンダラ
- ・ハート瞑想　他

※センタースケジュールのパンフレットご希望の方は、下記までお申し込み下さい。（無料）

OSHOサクシン瞑想センター
OSHO SAKSHIN MEDITATION CENTER
〒167-0042 東京都杉並区西荻北1-7-19
Tel. &Fax. 03-5382-4734 郵便振替口座 00100-3-547887

Information

# 日本語字幕スーパー付 OSHO講話DVD

※送料／ DVD1本¥250・2本〜3本¥300 4本〜5本¥350 6本〜10本¥450

日本語字幕付

## ■禅宣言—自分自身からの自由

禅の真髄をあますところなく説き明かすOSHO最後の講話シリーズ。古い宗教が崩れ去る中、禅を全く新しい視点で捉え、人類の未来に向けた新しい地平を拓く。「宗教は皆、エゴを落とせと言う。禅はエゴを超え、自己を超えていく…自己の内側深くに入れば突然、自分は意識の大海に消え去る。ただ、存在のみだ。これこそが自分自身からの自由だ」

●本編2枚組220分
●¥ 4,599（税込）
●1989年プネーでの講話（瞑想リード付）

日本語字幕付

## ■大いなる目覚めの機会
—ロシアの原発事故を語る

死者二千人を超える災害となったロシアのチェルノブイリ原発の事故を通して、災害は、実は目覚めるための大いなる機会であることを、興味深い様々な逸話とともに語る。大災害は人の目を覚まさせる。それを理解しなければ、気が違うこともあり得るし、理解すれば目覚めも起こり得る。

●本編 87 分
●¥ 3,990（税込）
●1986 年ウルグアイでの講話

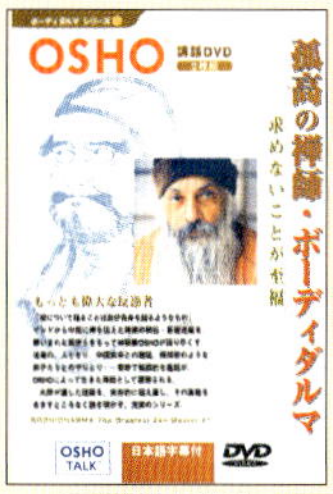


日本語字幕付

## ■孤高の禅師
## ボーディダルマ
—求めないことが至福—

禅宗の開祖・菩提達磨語録の真髄をあますところなく説き明かす充実のシリーズ1本目。中国武帝との邂逅、禅問答のような弟子達とのやりとり——奇妙で興味深い逸話が生きた禅話として展開される。

●本編 2 枚組 134 分 ●¥ 4,599(税込)
● 1987 年プネーでの講話

日本語字幕付

## ■道 元 3—山なき海・存在の巡礼

道元の『正法眼蔵』曰く「この世にも天上にも、すべての物事にはあらゆる側面がある。しかし人は実際の体験による理解を経てのみ、それを知り体得できる」自己の仏性と究極の悟り、真実のありさまについての道元の言葉を、今に生きる禅として説き明かす。

●本編 123 分 ●¥ 4,179（税込）
● 1988 年プネーでの講話（瞑想リード付）

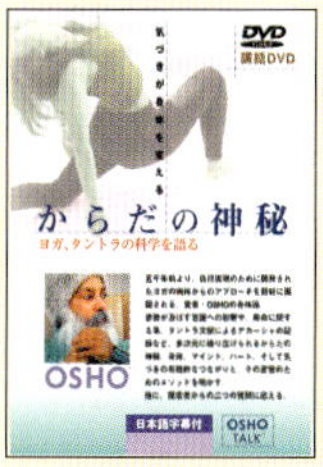


日本語字幕付

## ■からだの神秘
—ヨガ、タントラの科学を語る—

姿勢が及ぼす意識への影響や、寿命に関する事、タントラ文献によるアカーシャの記録など多次元なからだの神秘。身体、マインド、ハート、気づきの有機的なつながりと、その変容のための技法を明かす。

●本編95分 ●¥ 3,990（税込）
●1986年ウルグアイでの講話

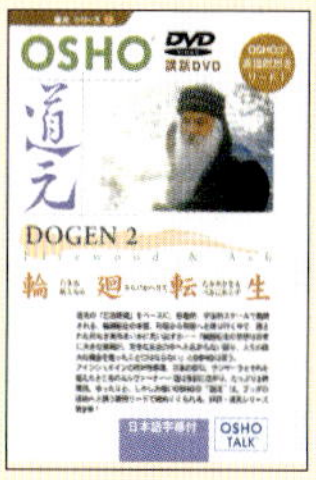


日本語字幕付

## ■道 元2
—輪廻転生・薪と灰—

道元の「正法眼蔵」をベースに、惑星的、宇宙的スケールで展開される、輪廻転生の本質。アインシュタインの相対性原理、俳句、サンサーラとニルヴァーナと話は多彩に広がり、ブッダの境地へと誘う瞑想リードで締めくくる。

●本編113分
●¥ 3,990（税込）
●1988年プネーでの講話

日本語字幕付

## ■苦悩に向き合えば
## それは至福となる
—痛みはあなたが創り出す—

「苦悩」という万人が抱える内側の闇に、覚者OSHOがもたらす「理解」という光のメッセージ。盛り沢山のジョークと逸話で、いつしか聴衆を、苦悩なき光の領域へと誘う。

●本編90分 ●¥ 3,990（税込）
●1985年オレゴンでの講話

日本語字幕付

## ■道 元—自己をならふといふは自己をわするるなり—

あまりに有名な道元の「正法眼蔵」を、今に生きる禅として説き明かす。第1巻では、道元の求道へのいきさつに触れつつ、自ら実際の瞑想リードを通して、禅の醍醐味へと誘う。

●本編105分
●¥ 3,990（税込）
●1988年プネーでの講話

日本語字幕付

## ■新たなる階梯
—永遠を生きるアート—

これといった問題もなく大きな喜びもない"退屈"に行き当たった瞑想途上の探求者にOSHOが指し示す、新しい次元を生きるアート。変化のない日々が、一瞬一瞬がエクスタシーに満ちる生のアートへと禅の逸話をヒントに語り明かす。

●本編96分 ●¥ 3,990（税込）
●1987年プネーでの講話

日本語字幕付

## ■二つの夢の間に
—チベット死者の書・バルドを語る—

死後の世界と呼ばれる旅路をチベットでは「バルド」と呼ぶ。この講話ではバルドを、覚醒への大いなる手がかりとして取り上げる。「鏡が粉々に砕けるように肉体と思考が自分から離れる、すべ

●本編83分 ●¥ 3,990（税込）
●1986年ウルグアイでの講話

発売 (株)市民出版社

※ビデオ、オーディオの総合カタログ（無料）ご希望の方には送付致しますので市民出版社まで御連絡下さい。

〒168-0071 東京都杉並区高井戸西2-12-20
TEL. 03-3333-9384 FAX. 03-3334-7289
郵便振替口座：00170-4-763105
URL：http://www.shimin.com

# OSHO講話録

全国書店にて好評発売中

## 探求の詩(うた)　―インドの四大マスターの一人、ゴラクの瞑想の礎

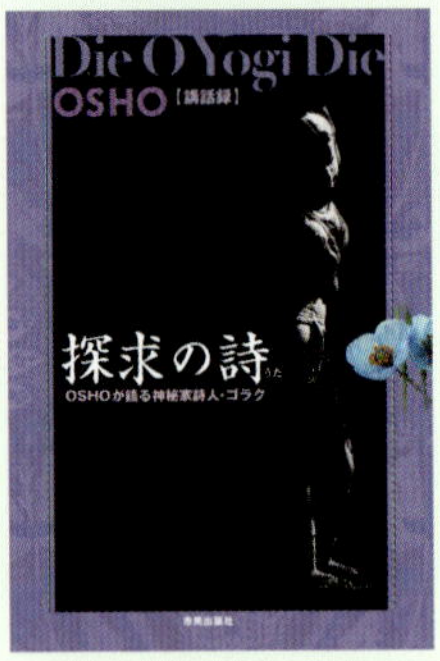


神秘家詩人ゴラクの探求の道。忘れられたダイヤの原石が、OSHOによって蘇り、ゆっくりと、途方もない美と多彩な輝きを放ち始める――。
小さく窮屈な生が壊れ、あなたは初めて大海と出会う。インドの聖人文学の大宮殿が、ゴラクの上に立っている。すべてはこの一個人に基づいている。
ゴラクの語ったすべてが、ゆっくりゆっくりと、途方もない美と多彩な輝きを帯びていく。
人々はこれを基に、修行や瞑想を何世紀も行なうことだろう。――（本文より）

内容
- ◆自然に生きなさい
- ◆欲望を理解しなさい
- ◆愛―炎の試練
- ◆内なる革命
- ◆孤独の放浪者　他

四六判並製 608 頁
／定価 2,625 円（税込）

**遊びに満ちた、生への讃歌**
**〈エゴの死と意識の誕生〉**

ハートの中で生きなさい
秘密を口にせず
甘露の染みた言葉を話しなさい
……常に真ん中に　在りなさい
マインドは動かず　呼吸の動きはなくなる
真実が隠されている限り
この物語は終わらない
禁じられた場所がある限り
この物語は終わらない

――OSHO

ゴラクは鎖の最初の輪であり、ゴラクを通じて新たなタイプの宗教が誕生した。ゴラクがいなければ誰もあり得ない……インドの覚者の伝統は、数限りない愛の献身者は、一人残らずゴラクの恩恵を受けている。パタンジャリがいなければインドにヨガはあり得ないように、仏陀がいなければ瞑想の土台の石は剥奪されていたように、ゴラクがいなければ、究極の真実を達成するための精神修養のテクニックやメソッドを見つけようとする探求も、始まらなかっただろう……。ゴラクの言葉を聞いた人は、とても驚くだろう。仕上げがちょっと必要だ。ゴラクの言葉はカットされていない。ここで私がしているのは、このゴラクの言葉を研ぐことだ。ゴラクが少しずつわかるにつれて、あなたは驚くだろう。ゴラクは最も本質的なことを語った。最も価値あることを語った。――本文より

## 究極の錬金術 II
―ウパニシャッドに関する講話

苦悩し続ける人間存在の核に迫り、意識の覚醒を常に促し導く炎のような若きOSHO。単なる解説ではない時を超えた真実の深みと秘儀が、まさに現前に立ち顕われる壮大な講話録完結編。「自分というものを知らないかぎり、あなたは何のために存在し生きているのかを知ることはできないし、自分の天命が何かも感じられない。―OSHO」

四六判並製　544頁　2940円（税込）　送料380円

## 究極の錬金術 I
―ウパニシャッドに関する講話

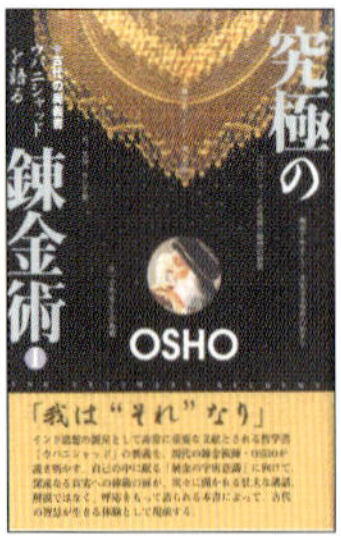


インド思想の源泉として非常に重要な文献とされ後のヒンドゥ教の中心にもなった哲学書、経典集「ウパニシャッド」の秘密を若きOSHOが説き明かす。
自己の中に眠る「純金の宇宙意識」へのいざないに向けて、深遠なる真実の深みと秘儀が、次々に明かされていく壮大な講話録。
<内容>●意識の完全なる開花に向かって●意志か、明け渡しか
●全一であることの奥義　他

四六判並製　592頁　3024円（税込）　送料380円

## 永久の哲学 II
―ピュタゴラスの黄金詩

偉大なる数学者ピュタゴラスが見出した永久哲学における究極の法を説き明かす。奇跡や物質化現象、菜食と輪廻転生の関係、過去生、進化論、そして癒しの力など、さまざまな精神霊性の領域を渉猟しながら、ピュタゴラス哲学の精髄である「中庸の錬金術」に迫る。
<内容>●完全な満足の芳香●天に唾するなかれ
●出会うまで神はいない●現実への逃避　他

四六判並製　456頁　2583円（税込）　送料380円

## こころでからだの声を聴く
―ボディマインドバランシング

OSHOが語る実際的身体論。最も身近で未知なる宇宙「身体」について、多彩な角度からその神秘と英知を語り尽くす。そして、緊張・ストレス・不眠・肩凝り・加齢・断食など、人々から寄せられる様々な質問に、ひとつひとつ具体的な対処法を呈示する。（ガイド瞑想CD"Talking to your Body and Mind"付）

A5判変型並製／256頁　定価2520円（税込）送料／380円

ガイド瞑想CD付

# OSHO講話録

※書籍目録ご希望の方は市民出版社までご連絡下さい。

## インナージャーニー
### ―内なる旅・自己探求のガイド

マインド（思考）、ハート、そして生エネルギーの中枢である臍という身体の三つのセンターへの働きかけを、心理・肉体の両面から説き明かしていく自己探求のガイド。根源への気づきと愛の開花への旅。

＜内容＞●身体――最初のステップ●臍――意志の在り処
●信も不信もなく●ハートを調える　他

四六判並製　304頁　2310円（税込）　送料380円

## 神秘家の道 ― 覚者が明かす秘教的真理

少人数の探求者のもとで親密に語られた、珠玉の質疑応答録。次々に明かされる秘教的真理、光明の具体的な体験、催眠の意義と過去生への洞察、また、常に真実を追求していた子供時代のエピソードなども合わせ、広大で多岐に渡る内容を、縦横無尽に語り尽くす。

＜内容＞●ハートから旅を始めなさい　●妥協した瞬間、
真理は死ぬ　●瞑想は宗教の中の革命だ　他

四六判並製　896頁　3759円（税込）　送料380円

「ラスト・モーニング・スター」姉妹書

## シャワリング・ウィズアウト・クラウズ
### ―女性の覚者・サハジョに関する講話

女性が光明を得る道、女性でありかつ探求者であること、女性的なエゴと男性的なエゴの現れ方の違いや落とし穴に光を当てます。愛の道と努力の道の違い、献身の道と知識の道の違い、さらに光明に至る前に女性と男性に何が起こるかなど、覚者の深い洞察が盛り込まれています。＜内容＞●愛と瞑想の道　●意識のふたつの境地　●師は目をくれた　他

四六判並製　496頁　2730円（税込）　送料380円

## ラスト・モーニング・スター
### ―女性の覚者・ダヤに関する講話

過去と未来の幻想を断ち切り、今、この瞬間から生きること――スピリチュアルな旅への愛と勇気、神聖なるものへの気づき、究極なるものとの最終的な融合を語りながら、時を超え、死をも超える「永遠」への扉を開く。＜内容＞　●神聖なるものを想起する
●全霊を傾けて●愛は幾生も待機できる　他

四六判並製　568頁　2940円（税込）　送料380円

## 夜眠る前に贈る言葉
### ―魂に語りかける12ヶ月

眠る前の最後の思考は、朝目覚める時の最初の思考になる……特別に夜のために選ばれたOSHOの言葉の数々を、１日の終わりに毎日読めるよう、豊富な写真と共に読みやすく編集。日々を振り返り、生きることの意味や自己を見つめるのに、多くの指針がちりばめられています。

＜内容＞●闇から光へのジャンプ　●瞑想とは火
●あなたは空だ　●生を楽しみなさい　他

A判変型上製　568頁　3570円（税込）　送料380円

## 朝の目覚めに贈る言葉
### ―心に耳を澄ます朝の詩

朝、目覚めた時、毎日1節ずつ読むようにと選ばれた12ケ月の珠玉のメッセージ。生きることの根源的な意味と、自己を見つめ、1日の活力を与えられる覚者の言葉を、豊富な写真と共に読みやすく編集。姉妹書の「夜眠る前に贈る言葉」と合わせて読むことで、朝と夜の内容が、より補い合えることでしょう。

＜内容＞●人生はバラの花壇　●愛は鳥―自由であることを愛する　●何をすることもなく静かに座る、春が訪れる…

A判変型上製　584頁　3654円（税込）　送料380円

## 直感のタロット―意識のためのツール
### 人間関係に光をもたらす実践ガイド

著／マンガラ・ビルソン

［アレイスター・クロウリー トートタロット使用］
＜あなたの直感が人生の新しい次元をひらく＞

意識と気づきを高め、自分の直感を通してカードを学べる完全ガイド本。初心者にも、正確で洞察に満ちたタロット・リーディングができます。カードの意味が短く要約されたキーワードを読めば、容易に各カードの象徴が理解できるでしょう。

＜内容＞●タロットで直感をトレーニング
●「関係性」を読む●「チャクラのエネルギー」を読む　他

※タロットカードは別です。

A5判並製368頁　2730円（税込）送料380円

## 新瞑想法入門
### ―OSHOの瞑想法集大成

禅、密教、ヨーガ、タントラ、スーフィなどの古来の瞑想法から、現代人のために編み出された和尚独自の方法まで、わかりやすく解説。技法の説明の他にも、瞑想の本質や原理が語られ、探求者からの質問にも的確な道を指し示す。真理を求める人々必携の書。

＜内容＞●瞑想とは何か　●初心者への提案
●覚醒のための強烈な技法　●師への質問　他

A５判並製　520頁　3444円（税込）　送料380円

発行　㈱市民出版社

〒168-0071 東京都杉並区高井戸西2-12-20
TEL. 03-3333-9384  FAX. 03-3334-7289
郵便振替口座：00170-4-763105
URL：http://www.shimin.com

## 瞑想CD

※送料／CD１枚¥250・2枚¥300・3枚以上無料

### ダイナミック瞑想

全5ステージ
60分

¥3,059（税込）

生命エネルギーの浄化をもたらす和尚の瞑想法の中で最も代表的な技法。混沌とした呼吸、カタルシス、そしてフゥッ！というスーフィーの真言《マントラ》を自分の中にとどこおっているエネルギーが全く残ることのないところまで行なう。

### クンダリーニ瞑想

全4ステージ
60分

¥3,059（税込）

未知なるエネルギーの上昇と内なる静寂、目醒めのメソッド。和尚によって考案された瞑想の中でも、ダイナミックと並んで多くの人が取り組んでいる活動的瞑想法。通常は夕方、日没時に行なわれる。

### ナーダブラーマ瞑想

全3ステージ
60分

¥3,059（税込）

宇宙と調和して脈打つ、ヒーリング効果の高いハミングメディテーション。脳を活性化し、あらゆる神経繊維をきれいにし、癒しの効果をもたらすチベットの古い瞑想法の一つ。

### ナタラジ瞑想

全3ステージ
65分

¥3,059（税込）

自我としての「あなた」が踊りのなかに溶け去るトータルなダンスの瞑想。第１ステージは目を閉じ、40分間とりつかれたように踊る。第２ステージは目を閉じたまま横たわり動かずにいる。最後の５分間、踊り楽しむ。

### チャクラ サウンド瞑想

全2ステージ
60分

¥3,059（税込）

７つのチャクラに目覚め、内なる静寂をもたらすサウンドのメソッド。各々のチャクラで音を感じ、チャクラのまさに中心でその音が振動するように声を出すことにより、チャクラにより敏感になっていく。

### チャクラ ブリージング瞑想

全2ステージ
60分

¥3,059（税込）

７つのチャクラを活性化させる強力なブリージングメソッド。７つのチャクラに意識的になるためのテクニック。身体全体を使い、１つ１つのチャクラに深く速い呼吸をしていく。

### ノーディメンション瞑想

◆

全3ステージ
60分

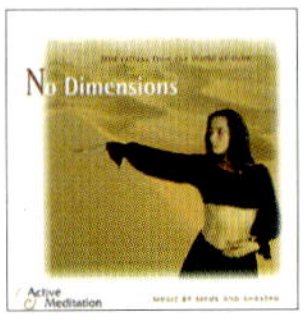


¥3,059（税込）

グルジェフとスーフィのムーヴメントを発展させたセンタリングのメソッド。旋回《ワーリング》瞑想の準備となるだけでなく、中心を定めるための踊りでもある。３つのステージからなり、一連の動作と旋回、沈黙へと続く。

### ナーダ　ヒマラヤ

◆

全3曲
50分28秒

¥3,059（税込）

ヒマラヤに流れる白い雲のように優しく深い響きが聴く人を内側からヒーリングする。チベッタンベル、ボウル、チャイム、山の小川の自然音。音が自分の中に響くのを感じながら、音と一緒にソフトにハミング。

### マンダラ瞑想

◆

全４ステージ
60分

¥3,059（税込）

強力な発散浄化法のひとつで、エネルギーの環を創り出し中心への定まりをもたらす。各15分の４ステージ。目を開けたままその場で駆け足。次に回転を伴う動きを上半身、眼球の順に行ない、最後は静かに静止する。

※ＣＤ等購入ご希望の方は市民出版社までお申し込み下さい。
（価格は全て税込です）
郵便振替口座：
市民出版社 00170-4-763105
※送料／CD・１枚¥250・2枚¥300
・3枚以上無料

### グリシャンカール瞑想

全4ステージ
60分

¥3,059（税込）

呼吸を使って第三の目に働きかける、各15分４ステージの瞑想法。第一ステージで正しい呼吸が行われることで、血液の中に増加形成された二酸化炭素がまるでエベレスト山の山頂にいるかのごとく感じられる。

### ワーリング瞑想

全2ステージ
60分

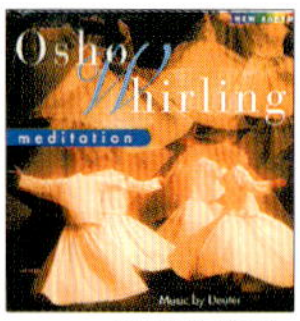


¥3,059（税込）

内なる存在が中心で全身が動く車輪になったかのように旋回し、徐々に速度を上げていく。体が自ずと倒れたらうつ伏せになり、大地に溶け込むのを感じる。旋回を通して内なる中心を見出し変容をもたらす瞑想法。

## 日本語同時通訳版 OSHO 講話 VHS ビデオ講話

※日本語訳ビデオ、オーディオの総合カタログ（無料）ご希望の方には送付致しますので市民出版社まで御連絡下さい。

### ■直感だけがあなたの教師だ

―ハートに耳を傾ける―
VHS104分　¥3.990（税込）

生まれ持った「成長への衝動」が、いつのまにか「成功への衝動」にすり替えられてしまう社会の手口を白日のもとに晒し、成長への衝動を見据え、自分のままに生きることを説き明かす、心強い一本。

### ■唯ひとつの革命

―あなたが変われば世界が変わる―
VHS152分　¥3.990（税込）

「あなたが世界だ」というＪ・クリシュナムルティの言明について、覚者・OSHOの洞察が展開される。個人とその責任を、自己変革の視点から捉え直した講話。他、チャネリングについての見解など、４つの質問にじっくりと答える長篇ビデオ。

### ■瞑想と智慧

―内なる光に目醒めるとき―
VHS77分　¥3.990（税込）

達磨（ボーディダルマ）との逸話でも有名な中国の禅師・慧能の言葉を題材に、真の智慧とその源泉である瞑想について語る。一休の歌、アレキサンダー大王のエピソード、俳句などを多彩に引用。最後にOSHO自ら瞑想をリード。

※これらのビデオはHi-Fiビデオデッキの音声切り替えスイッチにより、英語音声のみとしても、　日本語同時通訳付きとしてもお楽しみ頂けます。
※ビデオ、ＣＤ等購入ご希望の方は市民出版社までお申し込み下さい。（価格は全て税込です）
郵便振替口座：市民出版社 00170-4-763105
※送料／ビデオテープ1本¥300・2本～5本¥500
6本以上¥800

※送料／ CD 1 枚 ¥250・2 枚 ¥300・3 枚以上無料（価格は全て税込です）

## 新作！ヒーリング,リラクゼーション音楽CD

### 神秘の光
◆デューター
全 12 曲　62 分 21 秒

ルネッサンス時代のクラシック音楽の香り漂う霊妙な美の世界。リコーダー、チェロ、琴、尺八、シタール、サントゥールなどの東西の楽器を鮮やかに駆使した多次元的な静寂のタペストリー。細やかで変化に富み、豊かで深い味わいの心象風景を表現。

¥2,753（税込）

### チベット遥かなり
◆ギュートー僧院の詠唱（チャント）
全 6 曲　55 分 51 秒

パワフルでスピリチュアルな、チベット僧たちによるチャンティング。真言の持つエネルギーと、僧たちの厳粛で深みのある音声は、音の領域を超えて、魂の奥深くを揺さぶる。チベット密教の迫力と真髄を感じさせる貴重な 1 枚。

¥2,753（税込）

### オファリング 音楽の捧げもの
◆パリジャット
全 9 曲　61 分 16 秒

くつろぎのプールに向かってゆっくりと降りてゆく音のら旋階段。ハートフルで豊かな音色は回転木馬のように夢見るように奏でられる。ハートからハートへソフトな日差しのような優しさで贈る究極の癒し。

¥2,753（税込）

## ヒーリング,リラクゼーション音楽CD

### スピリットラウンジ
全8曲　59分47秒

ジョシュアやチンマヤなどの様々なミュージシャンがスピリチュアルな旅へと誘うオムニバス盤。チャント（詠唱）の陶酔的な表現やマントラ、フルート、シタールなど、各々の持ち味を存分に味わえるエスニックサウンド集。

¥2,753（税込）

### プラネットヒーリング
全3曲　60分

鳥の鳴き声、流れる水音、木々の間を通りすぎる風の音などの自然の音楽をデューターが録音、アレンジ。始まりも終わりもない自然の奏でる演奏に耳を傾けると、深い森の中にいる心地よさが訪れます。

¥2,753（税込）

### 天空のファンタジア
全5曲　51分23秒

天上から降りそそぐような美しい女性ボーカルと高揚感あふれるフルートとのシンフォニー。日常から離れて夜空に羽根を伸ばし、地球と宇宙の広大さを歌ったサウンド・レター。セラピーや瞑想音楽としても貴重な一枚。

¥2,753（税込）

### ケルティックメモリー
全12曲　56分38秒

ケルティックハープとスエーデンの伝統楽器ニッケルハープ、数々のアコースティック楽器が織り成す優美で心温まる名作。2人のハープの融合は、はるか彼方の音楽を求める熱いファンタジーの世界にまで飛翔しています。

¥2,753（税込）

### ネイビーブルー
全3曲　48分27秒

天使のような女性の声と心に響くクジラの歌、透き通ったフルートとの深い一体感。寄せては返す波のように、のびやかでゆったりとした海の豊かさに浸れます。瞑想やリラクゼーションをさらに深めたい方にもおすすめ。

¥2,753（税込）

### アトモスフィア
全10曲　64分38秒

鳥のさえずりや波などのやさしい自然音との対話の中から生まれたメロディを、多彩な楽器で表現した、ささやくようなデューターワールド。オルゴールのようなピアノの調べ、童心にたち返るような懐かしい響き――。

¥2,753（税込）

### レイキ・ヒーリング　ウェイブ
全10曲　64分38秒

聖らかで宝石のような音の数々、ピアノ、ギター、キーボードなどが実に自然に調和。繊細な意識レベルまで癒され、レイキワークはもちろん、ヒーリングサウンドとしても最良質なアルバム。

¥2,753（税込）

### ホエール・メディテーション
全7曲　58分07秒

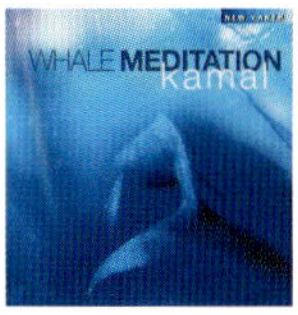


ホエールソング3部作の最終章。大海原を漂うような境界のないシーサウンドワールド。波間にきらめく光の粒子のように、クジラの声、シタール、バンスリーなどが現れては消えていき、ただ海の静けさへ。

¥2,753（税込）

### 曼荼羅
全8曲　55分55秒

チャント（詠唱）という、陶酔的な表現で、声による美しいマンダラの世界を構築したスピリチュアル・マントラソング。テリーのフルートが陰に陽に寄り添いながら、ら旋状の恍惚とした詠唱の円の中で、内なる平和がハートへと届けられる。

¥2,753（税込）

### レイキ・ハーモニー
全5曲　60分07秒

ゆるやかな旋律を奏でる竹笛の風に乗って宇宙エネルギーの海に船を出す。時間から解き放たれた旋律が、ボディと感情のバランスを呼び戻す。レイキや各種ボディワーク、またはメディテーションにも最適な一枚。

¥2,753（税込）

### レイキ・ブルードリーム
全8曲　60分51秒

大いなる海のアリア・クジラの鳴き声とヒーリング音楽の雄・カマールのコラボレーション・ミュージック。深いリラックスと、果てしのない静寂の境地から産まれた美しい海の詩。大海原の主たるクジラが語る蒼い水の星の物語。

¥2,753（税込）

### ケルトの薔薇
全12曲　69分17秒

ケルトハープの名手・リサ・レイニーが、竹笛のタルトレッリを迎えて描き出す癒しのフレグランス。すべてがまだ初々しい光に包まれた朝や夜の静寂のひとときにふさわしい調べ。おだやかさが手にとるように感じられる音楽。

¥2,753（税込）

## ＜講話テープ＞

●日本語同時通訳
●ブック型ケース入り

### ■OSHO ダイナミック瞑想

現代人のために OSHO が生みだした画期的瞑想法「ダイナミック」について語る全 11 講話からの編集。ストレスや抑圧からの解放と浄化、瞑想の本質に迫るその科学的側面とスピリチュアルな真意を、あらゆる角度から解説。

180 分
2 本組 ¥3873

### ■ヴィパサナ瞑想

ヴィパサナ瞑想に関する講話を抜粋収録。「ただ静かに、自分の息が入って出ていくのを観つめる…… ヴィパサナは世界で最も単純な瞑想だ。ヴィパサナによって仏陀は光明を得た。瞑想とはエネルギーのダンスだ。呼吸とはその鍵だ」

90 分 ¥2650

## ＜瞑想テープ＞

### ■ゴールデンライト瞑想

黄金の輝きが全身へ降り注ぐ光のメディテーション。全身を浄化し、心を静め、内なる男性と女性を統合する。中国・道家（タオイスト）の修行法をベースにした瞑想。眠りのきわのひとときに、このプロセスを繰り返します。

20 分
¥1890

●ブック型ケース入り

●カセットテープ送料／ 1 本 ¥200・2 ～ 3 本 ¥300 ／郵便振替口座：市民出版社　00170-4-763105

# ヒーリング，リラクゼーション音楽CD

## イーストオブザフルムーン
全9曲
65分3秒

夕暮れから夜に向かう時のグラデーションを、シンセサイザーとピアノを基調音に、ビロードのような柔らかさで描写。穏やかな旋律、明るい音階、癒しを越えて、ただ在ることの静かな喜びを音に移した名盤。

¥2,753

## ブッダ・ムーン
全4曲
58分50秒

東西の音楽を、瞑想的な高みで融合する音楽家チンマヤが、古典的色彩で描く、ラーガの酔宴。人の世の、はかなき生の有り様を、ただ静けさの内に見守るブッダの視座と同じく、ただ淡々と、エキゾチズムたっぷりに奏でます。

¥2,753

## ヨガ・ラーガ
全2曲
72分37秒

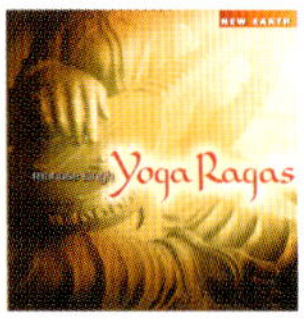

悠久の大地・インドから生まれた旋律ラーガ。バンスリ、シタール、タブラなどの楽器群が織りなす古典的インドの響宴。一曲がゆうに三十分を超える川のような流れは、少しづつ色合いを変えながら内なる高まりとともに終宴へ。

¥2,753

## インナー・バランス
全10曲
72分01秒

こころを静め、ほどよいくつろぎの中で、新たな活力を育むヨガとヒーリングのためのCD。緊張の滞ったブロック・ポイントをほぐし、心身がクリアーな状態になるよう構成され、無理なく心身に浸透し、静かな感動で終わります。

¥2,753

## ヨガ・ラウンジ
全8曲
57分58秒

エキゾチックな瞑想音楽で定評のあるチンマヤが、シタールの名手・ニラドゥリと編み上げた、エクササイズ・ミュージック。斬新なシタール奏法と軽快なる曲展開。ヨガや各種エクササイズ、くつろぎタイムのBGMとしても最

¥2,753

## メディテイティブ・ヨガ
全10曲
61分41秒

シタールをはじめとする東洋の楽器で彩られた、くつろぎと瞑想のヨガワールド。瞑想的な音作りで定評のある東西の一流ミュージシャンの秀曲を、ヨガや各種エクササイズに適した流れで再構成。各チャクラにも働きかけます。

¥2,753

## トランスヨガ
全11曲
60分36秒

エキゾチックなヴォーカルにアップ・テンポのビートを味付けしたヨガ・トランス・ミュージック。ヨガのアーサナにふさわしい曲をピックアップ、ハイ・エネルギーのリズムとゆったりした楽曲が交互に展開します。

¥2,753

## ヨーガ
全7曲
58分57秒

七つのチャクラに働くエキゾチズム溢れる七つの楽曲。エクササイズとしてはもちろん、各チャクラのエネルギー活性化も促す。バグパイプ、タブラ、ヴァイオリン等々、東西の楽器を自在に操りながら繰り広げるヨーガの世界。

¥2,753

## ヨガハーモニー
全8曲
59分56秒

中空を渡る笛の音、虚空に響くタンブーラの音色。ヴィーナ、シタール、チベッタンボウルなど、ミスティックな東洋のサウンド・ウェーブ。ヨガのみならず、マッサージ、リラクゼーション、各瞑想法にと、幅広く使えるアルバム。

¥2,753

## チベットの華
全7曲
78分35秒

水や虫の声などの自然音とシンギングボウルやベルが織り成す調和と平和の倍音ヴァイブレーション。チベッタン・ヒーリング・サウンドの決定盤。メロディーやストーリーのない音は、時間の感覚を失うスペースを作り出す。

¥2,753

## マントラ
全7曲
61分02秒

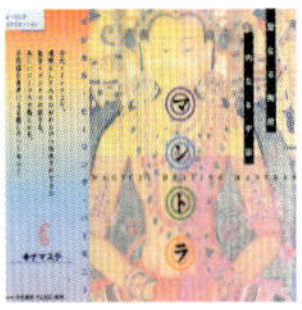


その音で不思議な力を発揮する古代インドよりの聖音マントラの数々を、美しいコーラスで蘇らせる癒しのハーモニー。何千年もの間、自然現象を変容させると伝わるマントラを、聴く音楽として再生したミスティックなアルバム。

¥2,753

## 高 野 山
全8曲
63分08秒

琴と尺八、ピアノとシンセサイザーなど、東西の楽器が織りなす静寂のタペストリー。内なる山中に深く分け入り、その奥の院へと歩みは進み、やがて決して名付けられることのない空なる領域へと至る、レイキサウンドの高峰。

¥2,753

## レイキ・ホエールソング
全7曲
65分9秒

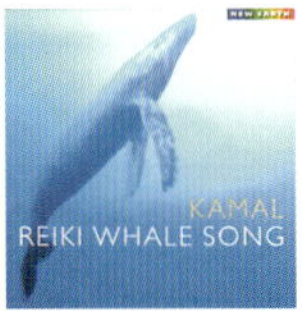


深海のロマン、クジラの鳴き声とフルート、シンセサイザーなどのネイチャーソング。心に残る深海の巨鯨たちの鳴き声が、レイキのヒーリングエネルギーをサポートするアンビエントミュージック。

¥2,753

## レイキ・ヒーリング ハンド
全5曲
50分7秒

心に浸みわたるやわらかいキボエハープの響きと波の音、チベッタンベルが織りなすやすらぎの世界。ハートチャクラの活性化をもたらすヒーリングサウンドの超人気盤。音のゆりかごに揺られ、無垢な魂へと帰る。

¥2,753

## ナチュラル・ワールド
全7曲
59分03秒

ケルトハープの夢と希望、その音色の豊かな言葉、癒しと祈り、そして限りない自然への愛。世界的フルート奏者と共に制作されたこころと自然の物語。
自然と、自然であることへの愛と希望を託して贈る、ハープとフルートの祈りのハーモニー。

¥2,753

## レイキ　ウェルネス
全7曲
68分33秒

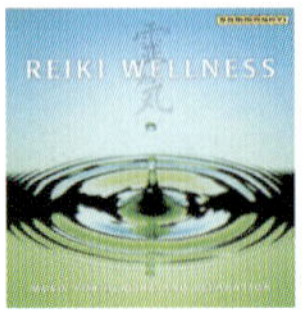


限りないやさしさの海に身をしずめ、宇宙エネルギーの波にゆらぎながら、旅立つ新たなる誕生への航海。肉体・心・魂の緊張を溶かし、細胞のひとつひとつをゆっくりと癒していくレイキコレクション・ベストアルバム。

¥2,753

## レイキ・ハンズオブライト
全6曲
61分20秒

肉体、マインド、魂の自己浄化を促し、直観や自分自身のハイアーセルフに働きかけ、深い内面の世界に導く浮遊感覚サウンド。宇宙エネルギーに満ちた音の波にゆらぎながら、生まれたままの「自然」にゆっくりと還る。

¥2,753

※ＣＤ等購入ご希望の方は市民出版社までお申し込み下さい。
（価格は全て税込です）
郵便振替口座：
市民出版社 00170-4-763105
※送料／CD・１枚¥250・2枚¥300
・3枚以上無料

# OSHO TIMES バックナンバー

尚、Osho Times バックナンバーは、
www.shimin.comでご覧になれます。

日常の中から精神性への扉を開き、内なる探求を促すヒント、洞察をあらゆる角度から読みやすく編集。豊富な写真も楽しめる全カラー頁のOSHO講話集。

| | 内　容　紹　介　　各B5版／カラー60頁　定価：1344円（税込）送料／250円 |
|---|---|
| vol.2 | 独り在ること—真の個性 ●偽りの個性から本物の個性へ ●感情の虹を受け入れる 他 |
| vol.3 | 恐れとは何か—真実への気づき ●三つの恐怖を想像的に活かす—狂気、性、死 他 |
| vol.4 | 幸せでないのは何故？ ●幸せだなんて信じられない！ ●歓喜の涙 ●笑いの瞑想 他 |
| vol.5 | 成功の秘訣 ●成功への近道 ●成功の蜃気楼 ●内的成功の道 ●光の循環—プラーナヤマ 他 |
| vol.6 | 真の自由 ●3種類の自由 ●愛と自由の質 ●無選択の気づき ●嫌いな人を愛しなさい 他 |
| vol.7 | エゴを見つめる ●なぜ注目されていたいのか？ ●愛のアートを学ぶ ●神経症—絶え間なき葛藤 他 |
| vol.8 | 創造的な生 ●創造性の12の秘密 ●ソウルメイトの創り方 ●正しい食べ物の選び方 他 |
| vol.9 | 健康と幸福 ●健康と幸福への洞察 ●癒しを自分で起こす ●スーフィー・道にある人々 他 |
| vol.10 | 混乱から新たなドアが開く ●明晰性への7つの方法 ●混乱—大いなる機会 他 |
| vol.11 | 時間から永遠へ ●来世の用意はできていますか？ ●時間はあなた次第 ●短気な現代人 他 |
| vol.12 | 日々を禅に暮らす ●あなたの本当の顔を見つける ●禅とは何か ●禅スポーツ 他 |
| vol.13 | 真の豊かさ ●豊かさの根ざすところ ●贅沢な生が待っている ●本当の女性解放 他 |
| vol.14 | バランスを取る ●混乱の中心 ●男と女のハーモニー ●バランスを取る秘訣 他 |
| vol.15 | 優雅に生きる ●自然な優雅さ ●3つの鍵—真実、愛、瞑想 ●母親と子供の関係—OSHOと母親 他 |
| vol.16 | ハートを信頼する ●マインドとハートに橋を架けるには ●疑い深いマインド、信頼するハート 他 |
| vol.17 | 自分自身を祝う ●労働ではなく祝祭を ●祝い、瞑想し、祝いなさい ●ジャズ風エンライトメント 他 |
| vol.18 | 癒しとは何か ●薬と瞑想 ●マインド：病気の原因 ●子供を愛していますか？ ●スーフィーと王様 他 |
| vol.19 | くつろぎのアート ●リラックスの秘訣 ●緊張とは何か ●OSHOダイナミック瞑想 他 |
| vol.20 | 創造性とは何か ●自分自身の創造 ●トータルですか ●生まれながらの芸術家 他 |
| vol.21 | 自由に生きていますか ●自由への勇気 ●三つの自由 ●裁きから自由なマインドに 他 |
| vol.22 | 葛藤を超える ●ブッダと野獣 ●平安のアート ●地球への責任 ●真のタントラ技法 他 |
| vol.23 | 真のヨーガ ●ヨーガとは何か ●タントラかヨーガか ●パタンジャリのヨーガ・スートラ 他 |
| vol.24 | 誕生、死、再生 ●転生の真実 ●第二の誕生 ●瞑想、愛、そして死 ●愛と覚醒 他 |
| vol.25 | 瞑想—存在への歓喜 ●瞑想の真髄 ●瞑想、集中、黙想 ●大いなる痛み 他 |
| vol.26 | 受容—あるがままの世界 ●受容にゴールはない ●あなたは罪人か聖者か賢者か 他 |
| vol.27 | 覚者のサイコロジー ●仏陀ってどんな人？ ●ブッダの心理学と現代心理学 他 |
| vol.28 | 恐れの根源 ●三つの恐れ ●時間と死 ●愛の恐れ ●比較—重大な病気 他 |
| vol.29 | 信頼の美 ●信頼とは何か ●信頼の詩 ●ダイナミック瞑想とは ●子供と怒り 他 |
| vol.30 | 変化が訪れる時 ●嘘を落とす ●変化への質問と答え ●関係性—人を許す 他 |
| vol.31 | 自分自身の主人で在りなさい ●成就への道 ●関係性—人を許す 他 |
| vol.32 | 祝祭—エネルギーの変容 ●喜びに生きる ●愛を瞑想にしなさい 他 |
| vol.33 | 眠れない夜には ●なぜ眠れないのか？ ●眠っている時の瞑想法 他 |
| vol.34 | 感受性を高める ●感覚を通して知る ●再び感覚を目覚めさせる 他 |
| vol.35 | すべては瞑想 ●感情を解き放つ ●瞑想のコツ ●チャクラブリージング瞑想 他 |
| vol.36 | 最大の勇気 ●勇気とは何か ●愛する勇気 ●ストップ瞑想 ●夢判断 他 |
| vol.37 | 感謝 ●言葉を超えて ●感謝して愛すること ●ストレスをなくす７つの鍵 他 |
| vol.38 | 観照こそが瞑想だ ●拒絶と執着 ●誰があなたを見ているのか 他 |
| vol.39 | 内なる静けさ ●静けさの時間 ●独り在ること ●カルマの法則 他 |

●１冊／1,344円（税込）
　／送料　250円
●年間購読料（年４冊）
　／6,376円（税、送料込）
■郵便振替口座
　：00170-4-763105
■口座名／
　（株）市民出版社
　TEL ／ 03-3333-9384
・代金引換（要手数料300円）の場合、商品到着時に支払。
・郵便振替の場合、前もって郵便局よりご送金下さい。

発売／（株）市民出版社
TEL. 03-3333-9384
FAX. 03-3334-7289

# OSHO タイムズ vol.41
## のお知らせ

発行予定／2011年6月15日
価格／1,344円（税込）

●特集危機に目覚める(仮題)

◆危機は呼吸のようなもの

◆意識のパワー　◆偉大なる崩壊

◆世界をどうやって変えるか

◆<物語>幸福な亀

◆< Osho on >愛の4つのステップ　他

■ OSHO タイムズ　vol.40
2011年3月15日発行　価格 1,344円（税込）

■翻　訳：パルヴァ、ニキラナンド、ムクト、プーナム、
ムムクシャ、アーミン、スディープ、グンジャ、シディカ　他

■編　集：OSHO サクシン瞑想センター

■デザイン：タブダール、アティルパ

■協　力：ラーマプレム(写真)、OSHO を愛するたくさんの人々

■発行人：マ・ギャン・パトラ

■発　行：(株)市民出版社
〒168-0071 東京都杉並区高井戸西 2-12-20
TEL 03-3333-9384 FAX 03-3334-7289

■印刷所　株式会社シナノ